# Contents
# 目次

（URL 参照日はすべて 2023 年 2 月 1 日）

# はじめに

　私は現在，日本図書館協会の資料保存委員会委員長を務め，そして，職場は東京都立中央図書館で，資料保全専門員として勤務しています。

　勤務先の業務として，資料保全に関する研修会講師を務めるだけでなく，全国各地の，主に図書館関係機関からの要請で，資料保存や修理に関しての研修会講師も数多く務めます。

　その内容は，「資料保存」に関しては，図書館における資料保存とは何か，なぜ残し，どう残すのかということをお話します。「修理」に関しては，具体的な修理方法を教えてほしいというきわめて実務的な要望が多いのですが，私は，その前に，図書館資料の修理に関しての考え方と基本となる知識・技術について知っていただくことが大切で不可欠だと考えており，最低1時間程度をいただいてそのことについてお話させていただきます。

　その研修会でお話してきた内容の代表的なパターンを「講義録」としてまとめて残しておこうと思いました。特に修理については，図書館資料をはじめとする近現代資料に関しての「哲学」ともいうべき基本的な考え方を示すものがどこにもないように思うからです。実際にはいろいろ混ざる雑談はできるだけ省き，またこの際ですので，時間があればお話したいと思っているところを補強した部分もありますが，基本的には私の「講義録」です。ですから，文章が会話調になっていますし，繰り返し説明している部分もあろうかと思いますが，あえてそのままにしました。ご容赦ください。

　なお，この講義は専門家向けではなく，主に一般の図書館員向けのものです。やさしい言葉でわかりやすく本質を伝えたいという思いでの「講義録」ですが，これを元に，内容を修正・進化させていただければ幸いです。

2023年2月

眞野　節雄

第 1 講
# 図書館における資料保存とは


　長らく，日本の図書館では利用と保存は対立するものだと考えられてきました。利用すればそれだけ資料は傷むから保存にとってはよくない，資料を大切に保存するためには利用を制限するという考え方です。そして，戦後の図書館発展のためのバイブルともいえる『中小都市における公共図書館の運営』（日本図書館協会，1963），『市民の図書館』（日本図書館協会，1970）は，それまでの保存中心主義こそが図書館発展を阻害してきた元凶だと，「保存」に対する痛烈な批判を展開しました，それ以降，「保存」はないがしろにされてきました。図書館学のカリキュラムの中にも「資料保存」はありません。このことの弊害は少なくないと思います。図書館員は「保存」を考えない，考えなくてよいという環境になってしまったように思います。

　しかしそうでしょうか？　図書館の使命が「資料の利用を保証する」ことであれば，そもそも，その「利用」を支えているのは，「収集」と「保存」です（p.6）。そして，「利用」は今現在だけでなく数百年後の利用でもあるかもしれません。また，そうやって保存され引き継がれてきた資料を今現在利用していたりもします。であれば利用を保証するためには資料保存は不可欠であり，また保存は図書館の使命である利用の保証のために行うものであるともいえます。図書館における資料保存とは，「利用か保存か」ではなく，また，博物館，美術館などのような「後世に残し引き継ぐ」ためでもなく，「利用のための資料保存」です。

　また，図書館資料は博物館，美術館などの資料とその性格を大きく異にしています。状態が千差万別なのはもちろん，資料的な価値も千差万別です。例えば，短期間で役割を終えてしまうものもあれば，公立図書館であれば郷土・地域資料のように，そこにしかないものもあります。東京都立図書館の場合，基本的に 100 年以上の保存となっていますが，極端な例では，受入れ後 3 か月で

廃棄してしまう資料もあります。それは新聞の原紙です。

　このように数か月の命でよいという資料もあれば，10年ぐらい使えればいいかな，20年，30年ぐらい，いやこれは100年，200年，もう千差万別です。

　また，その価値は図書館の館種や規模，運営方針によって異なってきます。それぞれの図書館で，**何のために，何を，いつまで，どのように保存するのか**という「保存ニーズ」を把握して取り組まなければなりません。図書館における資料保存の手法は画一的，一律にはできません。それぞれの図書館に応じて，また資料に応じて千差万別とならざるを得ません。


　次ページの図はそのことを表したものです。この図はパネル「利用のための資料保存」の1枚で，これは日本図書館協会資料保存委員会が，「利用のための資料保存」の考え方と課題についてまとめた貸出用展示パネルです。

　パネルはA2判15枚で構成されています。詳細や申込は日本図書館協会資料保存委員会までお問い合わせください。

日本図書館協会 > 委員会 > 資料保存委員会 > 資料保存展示パネル

　https://www.jla.or.jp/committees/hozon/tabid/96/ctl/Edit/mid/460/committees/hozon/tabid/115/Default.aspx


　以下，このパネルと，同じく日本図書館協会資料保存委員会が作成したパネル「利用のための資料保存・災害編」のデータを使いながら解説していきます。

# 利用のための資料保存

　所蔵資料を基盤とする情報サービスを行う図書館にとって、資料を集める「収集」と集めた資料を維持管理する「保存」は、利用者の資料へのアクセスを保証するために欠かせないものです。

　いつでも、いつまでも資料を利用できる状態に保つために行う「利用のための資料保存」は、保存容器への収納や破損の補修など、資料に直接行う働きかけ（コンサベーション）だけでなく、施設・書庫の管理、セキュリティの整備、職員・利用者教育、取り扱いなど（プリザベーション）を含みます。資料の内外に潜む劣化要因に対応するためにさまざまな方策をとる必要がありますが、それらを計画的、体系的に進めることが重要です。資料保存は収集から利用者サービスまで、あるいは施設管理から職員教育まで、と幅広く関係するため、図書館全体として取り組む必要があります。

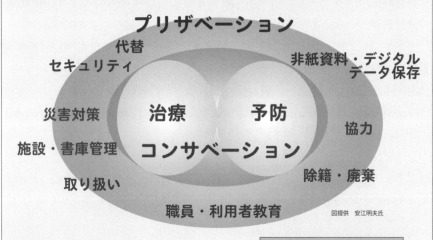

図提供　安江明夫氏

## 資料保存の進め方

　保存の対象となる蔵書資料のすべてに万全の保存方策を講じることは、図書館の規模を問わず現実的ではありません。

　できること、緊急を要することから段階的に、また、図書館全体で組織的に進めていきましょう。

**保存ニーズの把握**
- なぜ保存するのか
- 何を保存するのか
- いつまで保存するのか
- ベストな方策は何か

**計画の立案**
- 誰が行うのか
- どのように行うのか

**計画の実行**
- 防ぐ　・点検する
- 取り替える　・治す　・捨てる

## 1. 利用のための資料保存，5つの方策

　図書館における「利用のための資料保存」は資料に応じて，**予防，点検，代替，修理，廃棄**という，大きく 5 つの方策から選択，組み合わせて取り組むことになります。資料に応じて，というのは，その**資料的価値（保存年限），利用頻度，資料の状態**の 3 つに応じて，ということです。図書館にはそれぞれの設置・運営目的があって，何をいつまで保存するかは異なりますが，この 3 つの観点から，それに応じた適切な方策を選ぶわけです。

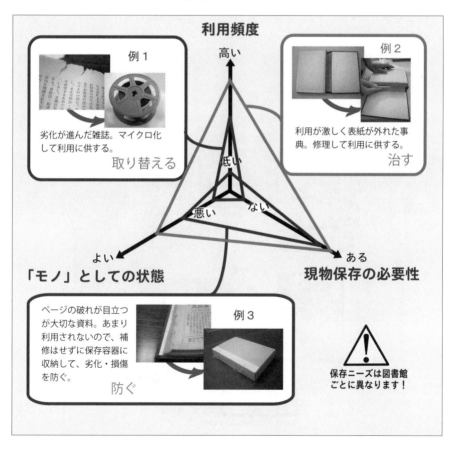

では，その 5 つの方策について解説していきましょう。

## (1) 予防

　この5つの方策の中で最も重要なのは「予防」です。予防こそが図書館における資料保存の要となります。予防というと，空調（環境）管理などのコストのかかる大げさなイメージがあるかもしれません。もちろんそういう「環境管理」（p.12）は予防にとって重要なことですが，取扱方法や排架方法といった最も身近で簡単なことが実は最も大切なことです。

## 【取り扱い】

　資料の取り扱いは，それ自体が資料の汚損や破損につながります。より長期に保存して利用していくためには，日々の取り扱いが最も重要であり，かつ最も簡単な資料保存の取り組みです。資料の汚損や破損につながる原因に気づくことが大切です。

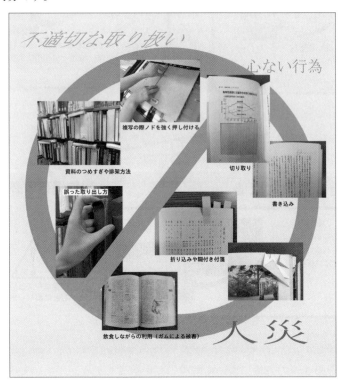

# 正しい取り扱い／ＰＲ

しおりによる呼びかけ

館内掲示

ゆとりのある排架

書架整理

正しい取り出し方

（例）取り出したい資料の両隣の
資料の背を軽く押し、目的
の資料の中央をもって引き
出す
（出典『防ぐ技術・治す技術』）

## 展示方法

### 貴重な資料を展示するときは

・変色や変形が起こらないように照明、
温度・湿度に注意します
・資料に負担をかけないように支持台
などの工夫をします

「取り扱い」のなかでも，いろいろな図書館に行ってみて特に気になること
があります。それは排架方法です。

## ＜余裕をもった排架＞

　資料の詰めすぎは資料が破損する原因になります。

　書架に資料を詰めすぎると，出し入れの際，余分な力が資料にかかったり，
擦れて傷みます。各段2～3冊分の余裕をもって排架します。

　書架の余裕がないというのはあるのでしょうが，特に気になるのは児童室。
小学校の図書室もそうですが，公共図書館でも児童室に行って，絵本の棚を見
ると，ギュウギュウ詰めになっているのを見かけます。たしかに複本がたくさ
んあったりして夏休みなどにどっと借り出される，そして，返ってくると置く
場所がない，とにかく突っ込んであるのでしょう。あれをどうやって子どもが
取り出すのでしょう。絶対壊します。薄い絵本は取り出せないです。仕切りを
作ったり，ブックエンドを使ったりして，ちょっと余裕をもたせて，抵抗なく，
すっと取り出せるようにしておくだけで，本は格段に壊れなくなります。

## ＜大型資料，重い資料，和装本は平置きで＞

　大型資料や重い資料は縦置きにすると，本体の重みでノドの部分が傷みやす
くなります。また，和装本も横置きが基本です。

　本はそもそも立てて並べられないものです。例えば和装本，柔らかくて，立
てて置いたらすぐに歪んで変形します。昔の西洋の本でも柔らかくて立ててお
けないものもあります。しかし，立てて置かないと問題もあります。例えば平
置き（横置き）に積み上げた和装本，下の本を取り出すのは大変で不便です。
多くの本を便利に管理しやすくするために，立てて横に並べて置きたいので，
立てて置いても歪まないようなハードカバー，固い表紙を付けて無理やり立た
せているわけです。ただ，ハードカバーの本でも中身が傷まないように「チリ」
という部分があって，中身より表紙のサイズが少し大きくなるように作られて
いますが，そうすると中身が自重で落ちてきてしまいます。大型本や重い資料
は，それが顕著に表れますので，せめて大型本や重い資料は平置きにすること
で損傷を軽減できます。

　その他，詳しくは東京都立図書館ホームページ「資料保存のページ・図書館

資料の取り扱い」に掲載されています。

https://www.library.metro.tokyo.lg.jp/guide/uploads/14_toriatsukai2020.pdf

　また，和装本の取扱いは，国立国会図書館ホームページ＞資料の保存＞研修・保存フォーラム「日本古典籍講習会」のテキスト「図書館における資料保存」に詳しく掲載されています。

https://www.ndl.go.jp/jp/preservation/pdf/training_text_1_basic_preservation.pdf

## 【取り扱い・補足】

### ＜不適切な処置＞

　破損しやすい，あるいは散逸しやすい資料をあらかじめ扱いやすいように製本する，また破損した資料を補修することは必要です。しかし，それが不適切であればかえって破損・劣化を招く原因になります。例えば下図です。

図書館製本は開きにくくなったり、複写による破損を招いたりすることがあります。また、綴じ方が不適切だったり、裁断しすぎたりすると、必要部分が読めなくなることもあります。

セロハンテープなどで補修すると、接着剤が残り紙を劣化させてしまいます。

保護のためにカバーをかけたり、散逸しやすい資料を箱や封筒に入れたりすることは大切なことです。でも、その素材が酸性紙なら、逆に酸が移って紙の劣化を進めてしまいます。

## 【環境管理】

　不適切な保管環境は資料の劣化を促します。例えば，高温・多湿な状態は資料の劣化促進やカビの発生を招き，チリ・ホコリは資料の汚れを招き，カビや虫の発生原因ともなります。大気中の酸性汚染物質も資料の劣化を促進します。また，紫外線は資料の変色・退色など劣化の原因となります。

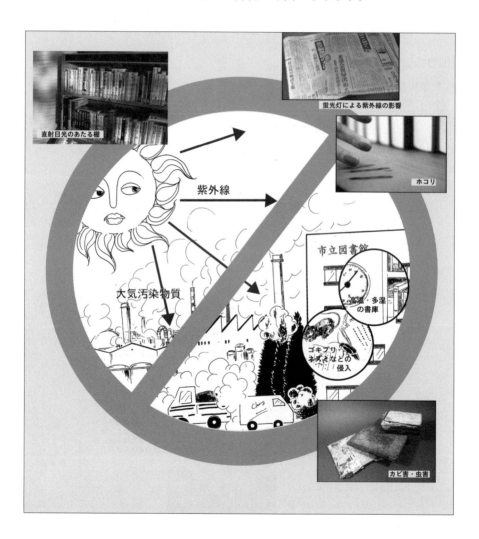

# 環境対策

　多くの資料に長期的な影響を与える「環境」は、資料保存対策の中で最も基本的な要素です。不適切な環境を放置したまま個別資料の手当てを行っても充分な効果が得られません。温度・湿度、紫外線、チリやホコリ、大気汚染物質の状況などについて、総合的な視点から環境を改善することが大切です。

　しかし、環境を理想的に整えることは困難であることも現実です。そこで、カビや虫の発生を防ぐためには、ＩＰＭ（＊）の手法が有効です。温度・湿度を管理し、必要に応じて除湿機やサーキュレータ（空気循環器）を稼動し、定期的な点検によって、もし被害が生じたとしても最小限に抑えます。

＊Integrated Pest Management＝総合的有害生物管理：さまざまな
　方法を組み合わせて、有害生物を被害のない程度に抑えていく文
　化財保存の考え方

サーキュレータ
（空気循環器）

虫の発生・進入を
点検するための
トラップ（罠）

除湿機

フィルムを貼っているところ

紫外線は資料の劣化を速めます。光は資料の利用に必要不可欠ですが、強すぎる光はブラインドやカーテンなどで調整しましょう。紫外線防止フィルムを貼る方法もあります。紫外線をカットするカバーを照明に付ける、紫外線防止型蛍光灯に替える、ＬＥＤ照明にする、人感センサーを付けるなどの対策が有効です。

紫外線カットの蛍光灯

環境管理は、全ての資料に一律の基準を求めると実現が難しくなります。
資料の特性、利用形態などにも配慮して、より適切な管理ができるようにしましょう。

## 【保存容器】

　図書館や書庫全体の環境を整えることが難しい場合でも，保存容器に収納することによって，資料にとっての保管環境を整えることができます。劣化要因である光，チリ，ホコリ，温度・湿度の変化などから資料を守り，物理的な力や災害からも資料を保護します。また，容器の材料を中性（弱アルカリ）紙にすることによって，酸性汚染物質から資料を守り，劣化を抑えることが期待できます。

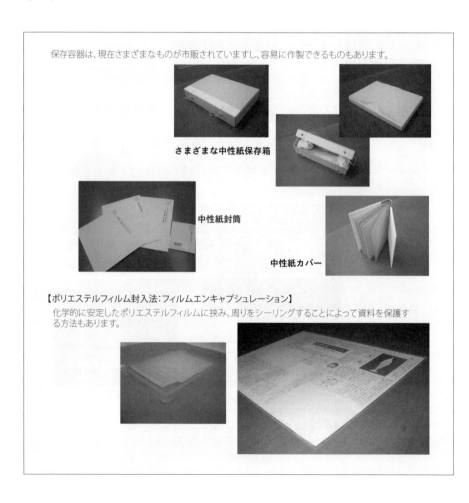

保存容器は、現在さまざまなものが市販されていますし、容易に作製できるものもあります。

**さまざまな中性紙保存箱**

**中性紙封筒**

**中性紙カバー**

**【ポリエステルフィルム封入法：フィルムエンキャプシュレーション】**
化学的に安定したポリエステルフィルムに挟み、周りをシーリングすることによって資料を保護する方法もあります。

## 【予防的保存製本】

　資料によっては，無線綴じなど脆弱で破損しやすい製本構造のものがあります。このような資料には，事前に予防的手当てを施すことで，より長期に利用・保存ができます。

　堅牢な製本にしたり，針金，クリップ，輪ゴム，補修テープなど劣化の原因になるものを取り除くことも有効です。

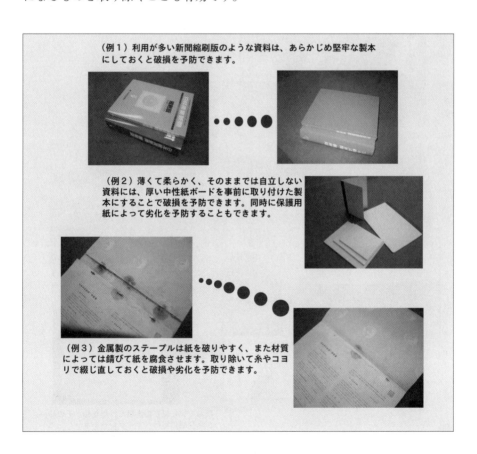

（例1）利用が多い新聞縮刷版のような資料は、あらかじめ堅牢な製本にしておくと破損を予防できます。

（例2）薄くて柔らかく、そのままでは自立しない資料には、厚い中性紙ボードを事前に取り付けた製本にすることで破損を予防できます。同時に保護用紙によって劣化を予防することもできます。

（例3）金属製のステープルは紙を破りやすく、また材質によっては錆びて紙を腐食させます。取り除いて糸やコヨリで綴じ直しておくと破損や劣化を予防できます。

## 【酸性紙対策】

　酸性紙とは，製紙の過程でインクのにじみ止めの定着剤として添加された薬剤が酸性物質として残留している紙のことです。酸性紙のなかには，わずか数十年で崩れてしまうほどに劣化するものもあります。19世紀半ば以降に大量生産された紙の多くは，酸という見えざる内敵に蝕まれています。

挟んでいた紙が酸性紙だったため、その酸が本文紙に移行（マイグレーション）して劣化を引き起こすこともあります。

# 脱酸性化処置

　脱酸性化処置とは、酸性紙の劣化を遅らせるために、紙の中の酸を中和し、さらに今後の酸による劣化を防ぐために、適度のアルカリ物質を残す処置で、各国でさまざまな方法で行われています。一般には、資料の寿命を3～5倍に延ばす効果が見込まれています。

　ただし、劣化を遅らせることはできるが、劣化したものを強化する処置ではありません。したがって、まだ劣化の進んでいない酸性紙に行うのが最も効果的です。

**【大量脱酸性化処置】**
　機械で一度に大量に行う処置です。国内では、ＤＡＥ（乾式アンモニア・酸化エチレン）法と、ブックキーパー法が実用化されています。

ＤＡＥ法のコンテナとチャンバー

ブックキーパー法のチャンバー

**【少量脱酸性化処置】**
　手作業なのでコストはかかるが、一点一点の状態にあわせた処置ができる利点があります。

刷毛で脱酸性化処置溶液を塗布

溶液を噴霧　↑
（スプレー式のものも市販されている）

## 【災害対策】

　災害対策は,「予防」から「復旧」までの４つの段階があります。しかし,災害に遭遇してからできることは限られているといってよいでしょう。ふだん私たちにできることは,被害を最小限にするための「事前対策」です。「事前対策」こそが最大かつ有効な対策です。

### 災害が起きないうちに…「事前対策」

**予防**

#### １の予防は１０の治療に勝る！

災害の可能性、危険箇所などを洗い出し、対策を講じ、改善に努め、被害を受けにくい環境づくりをすすめます。防災設備などの日常的な点検・管理も大切です。また、蔵書を評価し、救出すべき資料の優先順位を定めます。それによって、資料の保管場所を変えることもあるでしょう。

**準備**

#### 万一のとき、誰が何をするか、決まっていますか？

いざというときのための態勢を決め、マニュアルを作成します。通報・連絡網を準備し、必要な資材を用意しておきます。定期的な訓練により危険を大きく減少することができます。館外の専門家や協力者の連絡先も確認しておきましょう。

### 災害が起きてしまったら…「対処」

**緊急対応**

#### 被害を最小限に抑えよう！

マニュアルに従って行動し、必要に応じて、専門家に連絡します。まず、資料を被害現場から安全な場所に移します。

**復旧**

#### それぞれの館にふさわしい方法で！

災害復旧に関する知識は以前に比べたくさん得られるようになりました。さまざまな経験や専門家のアドバイスを参考にし、迅速かつ冷静に対処することで、大切な資料を救済できます。また、「取り替える」「捨てる」という選択をすることもあります。

## ＜リスクを知ろう＞

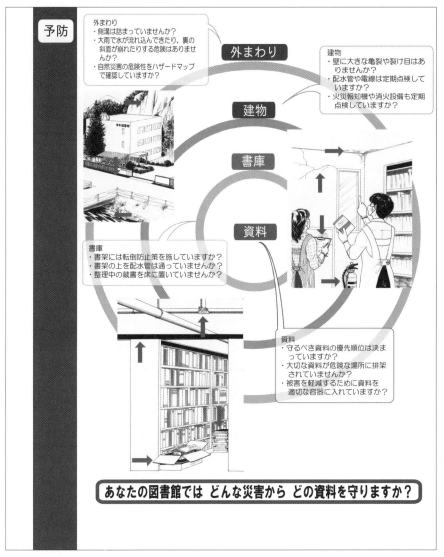

災害対策については，章末に紹介する資料『水濡れから図書館資料を救おう！』や，東京都立図書館製作の YouTube 動画「被災・水濡れ資料の救済マニュアル」（https://www.youtube.com/watch?v=svCK-yQDyOs）を参考にしてください。

## (2) 点検

　資料が通常の利用に耐えられるかどうか，耐えられないような傷みがあれば，どのような手立てがあるかを判断します。傷んでいる資料を全部見つけ出すことが目的ではなく，あくまで「利用に耐えられるかどうか」です。

　例えば，酸性紙の劣化によって，このままでは早晩利用できなくなる資料や，青焼き資料で光による退色が激しく情報が失われそうなものを見つけ出すことはとても有効です。またカビの恐れがある場合に早期に発見し対処することなども大切です。まとまった時間がとれなくても，毎日の書架整理の際や利用の前後に意識的に点検しましょう。

## (3) 代替

　図書館資料は博物館，美術館などの資料と違って取り替えることもできます。利用が激しくて傷んだ資料を買い替えたり，行政資料などで，再入手が可能ならば，それで取り替えることができます。また，それができない場合は，別の媒体に複製して保存を図ることもできます。

　次ページのパネル「資料保存・活用のための代替化」を見てください。ここに3つの方法が紹介してあります。複写製本とマイクロ化とデジタル化です。図書館資料で，紙以外の物として代表的なのはマイクロフィルムを含むフィルムでしょう。最近はデジタル化に予算が付きやすいこともあって，デジタルデータも増えてきているでしょう。

　3つの方法のうち，一番信頼性が高いのは何かといったら複写製本です。もう1回紙で作り直すことです。中性紙で作り直せば500年，700年，和紙は1000年の実績があります。保存という点では信頼性が抜群に高いのは紙です。

　フィルムは品質や保管条件によっては期待寿命500年ともいわれていますが，材質によっては通常の保管でビネガーシンドローム (p.23) が起こりますし，保管条件も紙に比べれば厳しいです。しかし，現実に，100年前のフィルムが発見されてこんな映像が映っていたとか，時々ニュースになるように，100年という実績があります。

# 資料保存・活用のための代替化

全ての資料を現物の状態で保存することはできませんし、またその必要もありません。劣化・損傷した資料も補修するより、別の資料に取り替えた方が安価な場合もあります。資料を代替化する目的には、「資料の内容の保存」「原資料の保護」「保管場所の節約」「利用の促進」「セキュリティの確保」などがあります。代替保存の主なものとして、「電子式複写（複写製本）」「マイクロ化」「デジタル化」がありますが、それぞれの特徴を考え、目的に合わせた組み合わせで代替化を図り、資料の保存・活用を進めましょう。

電子式複写（複写製本）

安価に代替化でき、特別な機器を使用せずに簡単にアクセスできますが、活用方法が限られます。

マイクロ化

適正に処理を施し保管すれば長期保存が保証されていますが、アクセスしにくい面があります。

デジタル化

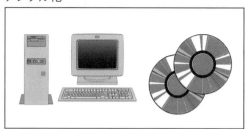

画像取り込み性能が高く、コンピュータ上での利用など拡張性は高いが、媒体の長期保存性が保証されておらず、保存のコストがかかります。

ところがデジタルデータは，長期保存に対しては非常に脆弱です。ハードディスクなど5年でクラッシュするかもしれません。最も信頼性の高いハードである光ディスクでも，JIS規格に長期保存用光ディスクの規格というのがありますが，その長期保存っていったい何年でしょう？　100年か200年？　いや30年です。それで長期保存です。そのくらいしか信頼性がないのです。もちろん現実には100年持ちます，200年持ちます，持つだろうというような光ディスクが開発されています。保証されているのは30年。しかし100年持ちます，200年持ちます，といっても，その光ディスクがどこからか100年後，200年後に発見されて読み出すことができると思いますか？　できないでしょう。光ディスクは生きていても，それを読み出すソフトがどんどん陳腐化しますから。例えば自分の写真データを光ディスクに入れてとっておきます。100年後に子孫がそれを発見して，これ何だ，写真が入っているらしいといっても，見ることはできないでしょう。ですから，大切な写真はプリントアウトして紙で持っておくことをお勧めします。

　その長期保存については現在さまざまな研究が行われているところですが，現段階では，数年ごとに，そのときそのときのハードとソフトに合わせてデータをマイグレーション（移行）するというのが現実的な方法です。ところが，図書館で保存対象となるデータ量は自宅の写真データと違って大容量ですから，その管理コストは膨大なものになります。理論的にはできますが実際はどうでしょうか。

　デジタル化したからといって原資料を廃棄することは，長期保存の観点からは非常に危険です。

　デジタルデータは，全世界に発信することもできるしアクセスすることもできますから，利用の意味では本当に画期的で革命的なツールです。ですから，「利用」にはデジタルデータが有効ですが，「保存」には現段階ではまだ最も信頼性の高い方法は紙媒体ということになります。

# マイクロフィルムのビネガーシンドロームとその対策

　図書館等で主に使用されているマイクロフィルムは「銀・ゼラチンマイクロフィルム」ですが、これらはベース（支持体）によってセルロースエステルをベースとしたＴＡＣベースフィルムと、ポリエステルをベースとしたＰＥＴベースフィルムに分けられます。

　ＰＥＴベースの銀・ゼラチンマイクロフィルムは、規格に基づいて、適切に作製し保存を行えば期待寿命は 500 年とされています。

　ＴＡＣベースフィルムは 1950 年代から 1980 年代に使用されたフィルムですが、保存環境等の影響により酢酸臭を発生し劣化することが分かっています。これがビネガーシンドロームと呼ばれる現象で、劣化が進むと、フィルムがゆがみ、曲がり、ねばつきなどが生じます。
　酢酸臭が出始めると急速に劣化が進みます。今後の利用状況に応じて、保管フィルムのチェックを行い、対策を講じましょう。

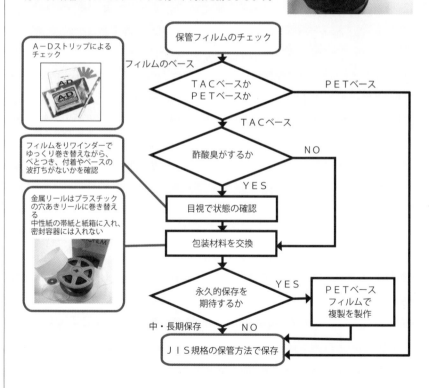

## (4) 修理

　「予防」や「代替」では有効でない場合にやむを得ず「修理」という選択肢
があります。この「修理」に対する考え方や注意点については，第2講で詳し
く説明します。

## (5) 廃棄

　保存なのに「廃棄」という方策が入っていることを奇異に感じるかもしれま
せん。しかし，図書館が収集したものをすべて保存することは現実的ではない
し，またナンセンスです。図書館資料の資料的価値は千差万別ですから，その
図書館にとって役割を終えた資料は廃棄することで，より大切な資料をきちん
と守っていくことも立派な方策の一つです。

　このことが最も顕著に表れるのが，災害により大量に資料が被災したときで
す。このとき，すべての資料を救済することは現実には不可能です。だから，
まず廃棄してもよい資料を選び出すことから「救出作業」は始まるのです。こ
れだけはうちの図書館で保存しておかなければ，という資料を救うためのトリ
アージが必要になります。

　なお，廃棄・除籍は同時に，館種に応じた役割を考えながら，同一資料がど
こかに保存され，利用できる状態を担保するために，他館との相互協力や共同
保存などの協力体制を作っていくことについても取り組む必要があります。

---

　「代替」とか「廃棄」とか，博物館，美術館では一般にはありえない選
択肢も「利用のための資料保存」では重要な方策です。
　**資料保存の取り組みは，「なぜ保存するのか」，「何を保存するのか」，「い
つまで保存するのか」，「ベストな方策は何か」を問うことでもあります。そ
れは自館の資料やあり方，使命を，改めて見つめ直すことにもなるでしょう。**

## 2. なぜ残すのか──未来へ資料をつなぐ

　東京都立図書館では，2011 年 3 月 11 日の東日本大震災による津波被害にあった岩手県陸前高田市立図書館の郷土資料の修復を行いました。市立図書館は津波により職員 7 人全員が犠牲となり，蔵書 8 万冊すべてが被災して，そのほとんどが流出しました。

　2011 年 12 月，図書館のブックモービルの車庫に積み上げられた資料などの中に貴重な郷土資料が含まれていることがわかり，2012 年 3 月 17 日〜19 日にこれらのレスキュー活動が行われました。泥やカビにまみれて山積みになった被災資料の中から約 500 冊の郷土資料が発掘されたのです。

　この約 500 冊のなかから再入手が困難な資料が絞り込まれ，また，著しく状態の悪いものや県内の図書館で所蔵が確認できたものが除かれました。最終的に約 170 冊の資料について，2012 年 6 月 3 日〜5 日，搬送先の岩手県立博物館で，乾燥・殺菌・汚れ落とし等の応急処置が行われ，そのまま同館の冷凍庫で保管されました。また，これらのうち，他の図書館に所蔵のない郷土資料について 2012 年 8 月から 11 月にかけて，盛岡大学図書館によりデジタル撮影および紙焼き本の作製が実施されました。

　その後も岩手県立図書館が中心となり代替の資料がないか，調査が行われました。地元で出版された資料の再入手については，地域全体が壊滅的な被害を被っているため，困難を極めました。最終的に，岩手県内の図書館に所蔵されておらず，再入手できなかった資料 51 点について，陸前高田市から，貴重な資料であり「現物」を後世に伝えていきたいので本格修理をしたいとの意向が示されました。そこで，依頼を受けた東京都立図書館が協力することとなりました。また，2014 年 5 月，震災直後に救出された指定文化財とその関連資料とは別に，貴重書庫にあった資料 113 点が関係者に救出されていたことが判明しました。これら 113 点の資料のうち，岩手県内図書館で所蔵されていない郷土資料 83 点も 2014 年 8 月に東京都立図書館が受け入れました。

陸前高田市での郷土資料の探索　　　　　岩手県立博物館での応急処置

写真提供：（公社）日本図書館協会

　郷土資料はその地域の人々の息づかいが聞こえてくる資料です。今回修復した資料も，学童の文集や郷土史家が編集した「津浪記念碑」など，昭和に出版されて「文化財」には決してならないようなものが大半ですが，どれも陸前高田を知るうえで貴重な資料です。

　そして，ドロドロだった資料がだんだん再生していくのをみると，その資料を作った人の思いまでよみがえってくるようで，一冊一冊が本当にいとおしくて……そのとき，これは犠牲になった図書館員たちの「形見」だと初めて実感できました。

　「修復」に至るまでには道程があります。まず，資料を瓦礫・ゴミとして処分せずに拾い集めて残していた自衛隊員や消防隊員。そして，津波から1年間

放置されてグチャグチャになった，誰の目にももはや再生はできないとみえた資料の山を見て，郷土資料だけでも何とか救いたいと思った図書館員。発掘・救出作業を泣きながら行った図書館員。「震災後の図書館をどうしたいか？」と問われ，「郷土資料をもう一度集めます。陸前高田の歴史を残し，伝えていきたい」ときっぱり言った陸前高田の図書館員。

　震災津波で実に多くのものを失いました。でも，だからこそ，見えてきたものがありました。それは，図書館の本来の使命，図書館員たちの思い，魂といってよいかもしれない……「志」です。公立図書館には，その地域の「記憶」を，時代を越えて残し伝えていく使命があったのです。

　そして，震災から4年後に修復が終わって帰ってきた第1次資料のなかの手書きの貸出票に，見覚えのある筆跡を見つけた陸前高田の図書館員はこうつぶやいたのです。「郷土の歴史だけでなく，亡くなった人たちの気持ちも形見として引き継ぐのが私たちの使命。」そうなのです。形見は，資料だけではなく，資料をコツコツ収集し，残し，伝えようとしてきた図書館員の歴史でもあったのです。「歴史」は単に「資料」があれば伝わるものではないのではないでしょうか。その資料を作った人，保存し伝えていこうとしてきた人，それらのすべてが「歴史」であり，伝えなければならないものだったのです。

　修復され陸前高田に帰っていった資料，それらの郷土資料は陸前高田の人々の歴史・記憶を伝え，さらに震災を語り継ぐとともに，復興のシンボルのひとつとして，ささやかかもしれませんが，勇気を与えるのではないかと思います。


　資料の「危機」は，自然災害だけではありません。

　1945年，東京都立図書館では当時の日比谷図書館で，空襲による焼失から守るために，資料の大規模な「疎開」が行われました。また，予算措置を講じて貴重資料を購入し，調達したトラックで，荷車で，リュックで担いで，東京中が空襲のさなかに疎開させたのです。いまそれらの資料を開くと，死に物狂いで資料を守ることに取り組んだ人々がいたからこそここに存在する資料に，そして先人たちの思いに，身の引き締まる思いがします。

資料は自然に残るわけではありません。ことに，資料が失われる危機に遭遇したとき，そのとき，資料は，残そうと思わなければ残りません。引き継がれてきて，これからも引き継いでいかねばならない，図書館の，図書館員の歴史でもある資料を。あきらめない志。未来へ資料をつなぐ。図書館の使命をあらためて胸に刻みたいと思います。

　井上ひさしの戯曲『父と暮せば』のなかで，父親が図書館司書の娘にこう言います。「人間の，悲しかったこと，楽しかったこと，それを伝えるのが，お前の仕事じゃろうが。」

　本稿は次ページに紹介する2点の資料の内容の一部を大幅に加筆・修正したものです。

　さらに学ぶために，これらの資料も参考にしてください。

　また，さらに詳しく学ぶには，巻末に掲載した資料等をご覧ください。

## 『やってみよう資料保存』（JLA Booklet no.8）

日本図書館協会資料保存委員会編，日本図書館協会，
2021，77p，1000 円（税別）

## 『水濡れから図書館資料を救おう！』
## （JLA Booklet no.6）

眞野節雄編著，日本図書館協会，2019，70p，1000 円
（税別）

# 図書館資料の修理とは

## 1. 修理，その基本的な考え方

　「モノ」としての資料は，どんなに予防策を講じても経年で損傷・劣化します。強度も落ちて壊れやすくもなります。第 1 講で述べたように，資料保存の方策はさまざまです。保存容器に収納するなどの「予防」や資料の状態や保存環境の「点検」，複製をつくったりメディア変換したりする「代替」などです。これらの方策では有効でない場合に，やむを得ず「修理」という選択肢が出てきます。しかし従来，資料保存といえば，できるだけ良好な環境で大切に保管し損傷したら修理する……という考え方をしてきた歴史があり，また現実にも日々損傷した「修理本」と格闘せざるを得ません。修理は，資料保存の 5 つの方策のなかで最も身近で，とにかくやらざるを得ない作業であるのも事実でしょう。

　「修理」を行う際にも，図書館資料を修理するとはどういうことか，何のために何を，いつまで利用できるように，どのように修理するのか，といったことについて基本的な考え方が必要です。ところが，この修理に対する考え方や，その修理方法が間違っていたり不健全だったりしがちです。

## 図書館（紙）資料修理についての＜**基本的な考え方と技術**＞

「利用のための資料保存」5つの方策
「防ぐ」「点検する」「治す」「取り替える」「捨てる」

強引な修理はダメ！　時には治さない方がよいことも。
（利用頻度、重要性、壊れ具合を考えて）
その資料にとってもっとも適切な対処を。

◎**利用に耐えうる最小限の修理。**

| 修復の基本（IFLA） | 予防的観点からの修理。<br>なるべく手間をかけない。<br>見栄えより機能回復。違和感のない程度に。 |
| --- | --- |
| ○原形を尊重<br>○可逆性<br>○安全な材料 | **強固にするのではなく、柔らかく仕上げる。**<br>（⇒　和紙、でんぷん糊、少量の糊） |

＜これを実現するための4つのポイント↓＞

○ 補修テープ（接着剤付き）ではなく、材料（紙、布など）と糊での修理が基本。

補修テープの欠点
・劣化が心配
・その部分は丈夫になるが、他の部分を壊しやすい。
・剥がそうとしても剥れない。再修理不可。
・折れ曲がる部分など力のかかる部分は剥れやすい。

○ 紙の目に注意！

○ 糊は薄く（濃さ）、薄く（厚さ）。
ポイント：①よく練って、均一に溶かす。
②均一に、まんべんなく塗り、よくなじませる。
③乾くまでよく押さえる。擦る。
はみ出たらふき取る。貼ったら押さえる。

○ 乾くまで形を整えて、板で挟んで重し（締め機）を！
一度に一ヶ所、一工程。

東京都立図書館＞利用案内＞資料収集・保存について＞資料保存のページ
テキスト「修理のための基本的な考え方と技術」

> 強引な修理はダメ！　時には治さないほうがよいことも。
> 　（利用頻度，重要性，壊れ具合を考えて）
> その資料にとって最も適切な対処を。

　資料が損傷しているとどうしても修理したくなりますし，修理しなくてはならないと思ってしまいますが，壊れていたら治すのではなく，できるだけ修理はしないというのが大原則です。なぜかというと，まず，修理をするとどうしても資料の元の姿を変えてしまうという一般的な理由があります。また，放置すれば劣化や損傷が進行するという場合を除いて，修理することはその資料（紙）にとってよいことは何もないからです。

　修理するということは，水分を与えたり，糊を塗ったり，何かを貼ったりすることです。それは資料に何らかのストレスを与えることになります。ときには大きなダメージをも与えかねません。また，修理は資料丸ごとをどうにかするわけでなく，損傷部分にのみ手を入れることですから，他の部分との強さのバランスが崩れて，修理した部分がいくら丈夫になっても他の部分の損傷を引き起こしやすくなるのです。

　しかし，どうしても修理せざるを得ない場合があります。それは「利用のため」です。図書館資料は利用されるためにあるのですから，修理しないと利用できなければ修理せざるを得ません。修理するメリット，デメリットを考えて，まず「修理するかしないか」を判断する必要があります。

　壊れていても修理しなくてもよい本はたくさんあります。都立図書館には古い資料が多く保存してあります。それで，蔵書点検をしたときに壊れている本が発見されたとします。それを全部治す必要があるのかというと，それはノーです。繰り返しになりますが，治すのも利用のためですから，利用されないのに治す必要はまったくありません。出納があったとき，貸出したとき，利用されたときに，こんなに壊れてしまっていて，ちょっと危険だなと思ったときに初めて修理するかどうかの俎上に上ってくるわけです。そこで，これは修理すべきか，しないほうがよいのかという判断をするわけです。これは利用頻度，

# 日本図書館協会　出版案内

JLA Bookletは、図書館とその周辺領域にかかわる講演・セミナーの記録、話題のトピックの解説をハンディな形にまとめ、読みやすいブックレット形式にしたシリーズです。

図書館の実務に役立ち、さらに図書館をより深く理解する導入部にもなるものとして企画しています。

JLA Bookletをはじめ、協会出版物は、こちらからお買い求めいただけます。また、お近くの書店、大学生協等を通じてもご購入できます。

二次元バーコード

お問い合わせ先
公益社団法人
日本図書館協会　出版部販売係
〒104-0033
東京都中央区新川１−１１−１４
TEL：03-3523-0812（販売直通）
FAX：03-3523-0842 E-mail：hanbai@jla.or.jp

## no.2 読みたいのに読めない君へ 届けマルチメディアDAISY

保護者、図書館員、DAISY製作者のそれぞれの立場から、図書館でのDAISYシアやマルチメディアDAISYについてわかりやすくまとめた一冊。読みやすいブックレットにするため、視認性が高いUDフォントを使用。ときの認識のしやすさが高い、みやすい

2018年に大阪と東京で開催した、塩見昇氏の著

ISBN 978
4-8204-1809-2

## no.1 学校司書のいる図書館に いま、期待すること

木下通子著『読みたい心に火をつけろ！』（岩波ジュニア新書）の出版記念トークセッション（学校図書館関係者で未来についても語り合った内容を収録。読書についても必見です。図書館記録。ジュニアの読書につながることの大切さ、図書館の未来について語り合った内容を収録。

ISBN 978
4-8204-1711-8

## no. 19

### Live! 人はなぜ本を紹介するのか 図書館員のおすすめ本 リマスター版

図書館員が本を紹介することの意味、その仕事が図書館を越えて、広く読者へ届くための本、これからの図書館と出版を考える読書です。

ISBN 978
4-8204-2404-8

## no. 18

### 図書館員が知りたい著作権80問

図書館現場で平易に解説しQＡ形式でまとめた実際に寄せられた質問を基に、著作権と図書館サービスの関係を直面したときによい役立つ一冊です。「作者・書館等々、さまざまな出版者との悩んだときの役立つ一冊。「作者と・書しどころ」を悩んだときに役立つ一冊です。

ISBN 978
4-8204-2405-5

## no. 17

### 戦争と図書館 戦時下検閲と図書館の対応

第109回全国図書館大会分科会「戦争と図書館」の3つの講演録。太平洋戦争中の思想統制、図書館への抵抗などをテーマとする図書館のあり方を考えるとき、資料提供の自由などを使命としたい手にしたい一冊。ぜひ手にしたい一冊です。資料特有の課題を考える。

ISBN 978
4-8204-2403-1

## no. 16

### 図書館のマンガを研究する

「海外図書館のマンガ受容の大規模所蔵調査に基づく日本文化とマンガ受容の総合的研究」の成果を踏まえてのマンガ講演録。今後言及されておくべきマンガという資料必要の課題を知る一冊。特性の課題を知る一冊。まして図書館に関するましての講演録。

ISBN 978
4-8204-2311-9

## no. 15

### 図書館員のための「やさしい日本語」

外国人の状況や図書館の役割、日本語の使い方について詳しく、実践的な「やさしい日本語」の役立つツールで、あらゆる利用者に伝える大切なツールで教えてくれる一冊。を広く伝える図書館サービス。

ISBN 978
4-8204-2306-5

## no.

### 新著作権制度と実務

書館」となり、「国民の知のアクセス」の向上への期待に応えることが求められている現在、必携の一冊です。

ISBN 978
4-8204-23

## no. 13 図書館資料の保存と修理　その基本的な考え方と手法

日図協資料保存委員会委員長であり、東京都立中央図書館等での長年資料保存の仕事に携わってきた著者が、全国各地で「講師」を務めてきた研修会で語りつづけた内容をコンパクトにまとめた「講演録」。コンパクトな実践書であります。

ISBN 978
4-8204-2218-1

## no. 12 非正規雇用職員セミナー「図書館で働く女性非正規雇用職員」講演録

公共図書館で働く非正規雇用職員の問題に焦点を当て、講演や報告、参加者の意見交換を収録したセミナーの記録。非正規雇用職員の現状や課題を考える大きな一歩になる書です。

ISBN 978
4-8204-2209-9

## no. 11 学校図書館とマンガ

「学校図書館になぜマンガが必要か（理論編）」、学校図書館のマンガ導入する意義を解説し「通じて学校図書館にもマンガを導入する意義を訴えるマンガをぜひ。海外図書館も高く評価される一冊でもある。図書館の所蔵書にも。

ISBN 978
4-8204-2208-2

## no. 10 図書館法の使命を問う　図書館の原点から図書館振興を考える

塩見昇氏と山口源治郎氏による講演と対談記録。図書館法制定70周年記念・第106回全国図書館大会における第120分科会（2020年11月）の図書館法の制定を考えるときに示した略年表と図版も収録。図書館法の展開を簡潔にまとめた一冊。

ISBN 978
4-8204-2206-8

## no. 9 現代日本図書館年表　1945-2020

1945年の太平洋戦争終結から2020年までの日本国内の図書館に関する出来事や図書館の成長や模索に向けた構想や動きを簡潔にまとめるの現状を分析・俯瞰し、将来に向けた構想につなげるの役立つ内容です。評価し、一冊の年表で。

ISBN 978
4-8204-2114-6

# JLA Booklet　既刊19冊　好評発売

## no.8　やってみよう資料保存

図書館の資料や資料の取り扱いやカビについての基本的な利用・保存基本解説。分かりやすく保存対策に責務であり、保障もあるまり資料の保存できると、図書館ころから資料保存対策に取り組むための必読書。

ISBN 978
4-8204-2109-2

## no.7　図書館政策セミナー「公立図書館の所管問題を考える」講演録

2019年3月に開催された公立図書館の所管問題を役割や社会教育施設の重要性を考察する一冊。公立首長部局への移管や懸念から、委託・指定管理制度公定教育委員会立図書館のよ、図書館政策セミナー講演録。

ISBN 978
4-8204-2007-1

## no.6　水濡れから図書館資料を救おう！

「水濡れ」対策の重要性や大規模災害時の対応、法や被災資料へ関わる人々にとっての事例も収録。前もって行動を解説。図書館資料の救出方法など詳しく紹介する一冊。貴重な情報源図を性やダメージへの陸前高田市立図書館の管理に関わる。

ISBN 978
4-8204-1907-5

## no.5　図書館システムのデータ移行問題検討会報告書

新システムへのデータ移行における出力データの、ワードルル学習会を提案。2018年12月17日に行われた図書館システム変更に伴うパスワードスの移行の現状と課題を解説。図書館システム変更に伴うパスワードスワードル学習会を収録。

ISBN 978
4-8204-1905-1

## no.4　図書館政策セミナー「法的視点から見た図書館と指定管理者制度の諸問題」講演録

指定管理者制度と館長・専門職員の法制度、法律専門家の視点から諸問題や制度導入要件などを検証。図書館の人入に疑問を、読の書。法律専門家の提起の視点から指定管理者制度に関わる全ての人。

ISBN 978
4-8204-1812-2

## no.1　1979年改訂のころ

宣言の改訂に直接かかわられた方の貴重な証言と現場の雰囲気などがよく伝わってくる一冊。当時の状況と現場から、当時の状況と現場の雰囲気などがよく伝わってくる。

ISBN 978
4-8204-18

重要性，壊れ具合を考えてです。

　例えば，ここに『現代基督教辞典』という古い本があります。昭和 25 年刊
行です。その時代なので，紙も酸性紙で質が悪いですから相当弱っています。
紙も茶色になっています。この本，汚いからもう捨ててしまう（廃棄）という
選択肢も図書館によってはあるでしょう。しかし，例えば都立図書館であれば，
1 年に 1 回か 10 年に 1 回か，ほとんど利用されないにしても，研究者の人た
ちの基本的な参考図書ですから保存して，捨てられない資料です。これがたま
たま利用されることになって出納したら，下図のような状態になっていました。
　表紙も完全に外れて，中身も割れてしまっています。

　これを治すか？　といわれたら，私なら治しません。利用は 1 年に 1 回，10
年に 1 回か，利用する人が来たら，こんな状態ですが，読めるし，コピーをと
ろうと思ったらとれます。

これ以上傷まないように保存箱に入れておいて，「丁寧に扱ってください」と一言添えて提供すればよい話です。それで済みます。コスト面でも，利用者教育的にも，そして何より資料にとってよいことです。

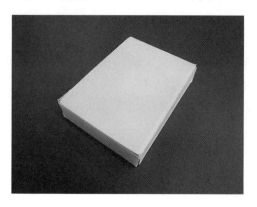

　なるべく他の手立てを考えて，その資料にとって最も適切な対処をしてやって，どうしても駄目だったら治すしかない。利用のためには治すしかないと判断したときに，はじめて修理します。

　これが毎日使われるような，まだ10年，20年ぐらい頑張ってほしい，小説だとか経済の本であれば，表紙が外れていて，これは治さないほうがよいというわけにはいかないです。そういう本は治さなければ利用に大きな支障が生じるわけですから。そういう判断が必要になってきます。

　しかし，いずれにせよ，なるべく修理する本を減らしたいです。繰り返しになりますが，それは，修理するということが，本や紙にとって，よいことが一つもないからです。もちろん，このまま放っておいたらどんどん損傷が進むという場合を除いてですが。

　壊れている本を見ると，治してあげないとかわいそうだと普通は思いますし，図書館員は特にそう思うかもしれません。「壊れた」イコール「修理」になってしまいます。

　しかし，修理をするということは，例えば破れている，これは治さなければ
ならない，折れている，しわが寄っている，これも治さねばいけないと思うと，
修理するということは何もしないで魔法でできることではありませんから，水
分を与えることがあります。それから糊を使うということもあるでしょう。何
かを糊を使って貼るでしょう。どんなに気をつけていてもよいことは一つもな
いのです。

　水を与えると，それは紙にストレスを与えます。劣化した紙ですと，ストレ
スどころかダメージにもなりかねません。何かを貼ります。糊を使って紙を使っ
て破れたところを治します。そうするとどんなに気をつけていても，どんなに
やさしくやっても，その部分は強くなります。当たり前です，そのために修理
しているのですから。強くなって硬くなってしまいます。そうすると全体のバ
ランスを崩してしまうことになるわけです。

　その一番強いもの，硬いものが，補修用テープです。例えば破れたところに
補修用テープを貼ります。そこは二度と破れないでしょう。そこは二度と破れ
ないけれど，だんだん紙自体が弱ってきたりすると，貼ったところとそうでな
いところの境目が裂けてきます。表紙が外れたとき，以前に，ブッカーのよう
な強いテープでしっかり付けてあることがあります。そこは例えば 30 年後，
ガチガチに硬くなっています。そこは二度と外れない。しかし，その次のペー
ジのところのほうからどんどん壊れてきます（p.68）。


　紙や本は「モノ」ですから経年で劣化していきます。強度が下がってきます。
弱って壊れやすくなります。その強度は，修理すると 1 回はぽんと上がります。
しかし，その後何もしないより壊れやすくなってしまうでしょう（p.38）。

　バランスを崩すからです。修理のポイントはバランスです。バランスをいか
に崩さないかです。一部分だけ強くしても，長い目でみたら逆効果です。

　それは紙資料だけではなくてすべての修理についてもいえるかもしれませ
ん。法隆寺の宮大工で有名な西岡常一さん，修理のポイントはバランス……と
は言わない，昔の人だから，「修理の肝は均衡だ」。建造物であれば，バランス
を崩したら本当に倒れてしまうかもしれない。だからなるべく修理をしない，

といっても，建造物であれば野ざらしですから，定期的に修理の手を入れざる
を得ないでしょうけれど，「修理の肝は均衡」。

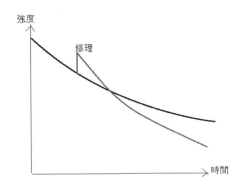

## 利用に耐えうる最小限の修理

　修理をするとどうしてもバランスを崩して壊れやすくなりますが，全部修理
しないわけにはいきません。図書館資料は利用のためにあるわけですから，利
用のためには修理をしなければなりません。しかし，修理の目的が「利用のた
め」ですから，修理するにしても利用に耐えうる最小限の修理で十分ですし，
そのことがバランスを崩すという修理のデメリットを軽減することになってい
るわけですから，それ以上やることはむしろ「害」となります。
　まだ新しくて，しっかりした，どんどん使われる本の表紙が外れたときの修
理の方法・材料と，例示した，かなり弱っている『現代基督教辞典』，この本
をどうしても表紙を付けなければならなくなったときの方法・材料，それはまっ
たく違ってくるでしょう。利用に耐えうる最小限の修理ですから，1年に1回，
10年に1回の利用であれば，そっと付けておくだけでよいでしょう。新しい
小説などだとそういうわけにいかないです。ちゃんとしっかり付けておいてあ
げないと，またすぐ壊れてしまいます。

---

**修復の基本（国際図書館連盟（IFLA））**

　　○原形を尊重

　　○可逆性

　　○安全な材料

　　○記録をとる

---

「図書館における保護と修復の原則」（"Principles of Conservation and Restauration in Libraries", IFLA Journal, Vol.5 No.4, 1979）

　修理の原則として，国際図書館連盟は，①できるだけ元の姿を壊さない，②元に戻せる材料・方法，③安全な材料を使用，④修理の記録を残す，と示しています。図書館資料は千差万別で文化財的なものも含まれるので，それも考慮しての原則ですから，保存年限に応じてこの原則は緩めることができます。

　「可逆性」というのは元に戻せるということです。一度修理したところの修理を外したい，元の状態に返したいということがあります。長期間保存されてきた貴重な資料など何回も修理の手が入ることは普通です。それからさっき言った建造物などは，野ざらしになっているわけですから，そのまま放っておいたらどんどん傷んできますから，「平成の大修理」とか，何十年に一度とか100 年に一度ぐらい修理の手が入ります。

　そのときに前にやった修理が外せないと次の修理が，最悪の場合できない，できたにしても大変な手間をかけて困難を極めるということになります。これは紙資料でもまったく同様です。紙資料の場合の多くは接着剤が原因ですが，これについては後ほど解説します（p.64）。

　また，可逆性がないといえば，代表的なものが補修用テープです。使用されている粘着剤（接着剤）が原因ですが，この補修用テープの問題点についても後ほど詳しく解説します（p.68）。

　ただし，縮刷版が出たら 3 か月程度で廃棄する新聞原紙，10 年程度で廃棄するような資料であれば，例えばテープをべたべた貼って，壊れたらさらにテー

プを貼って，ゴテゴテになって最後廃棄，そういうことが可能な資料であれば可逆性を無視することはできるでしょう。

逆に，長期保存しなければならない資料であれば，補修用テープなど可逆性の確保できない材料は絶対に使ってはいけません。

修理の現場で，何が一番大変かといえば，はがすことのできない修理が過去に行われたものの再修理です。

「これ，どうにかなりませんか？」と相談されることがあります。50年くらいも前の郷土資料，行政資料。作りは粗末ですが，その図書館にとっては大切な資料です。表紙全体やノド部やあちこちにブッカーが貼られ，カチンカチンになって，粘着剤も劣化しています（p.69）。一般の図書館員でどうにかできるレベルではありません。原本はいずれ利用できなくなるでしょう。劣化した部分を今のうちにコピーして「取り替える」という方策を提案するのがせいぜいでした。

それから「安全な材料」についても，原則はもちろんそうです。使用した材料のせいで余計壊れたとか劣化したとなれば，まったくの本末転倒です。しかし，これも保存年限によって，例えば100年，200年保存しておかなければならないものでしたら気をつけて，厳密にこの原則に従う必要があるでしょう。しかし先ほど例に出した3か月で廃棄してしまう新聞の原紙が破れたら，それは大変だ，薄い糊で薄い和紙を貼って……そんなこと必要ありません。セロテープを貼っておいてもよい，3か月くらいセロテープで大丈夫です。つまり，保存年限に見合った「安全性」を確保すればよいわけでしょう。逆にいえばそれだけの「安全性」についての吟味が必要ということです。

このように，修理の方法や材料は保存年限によっても大きく違って当然ですが，少しでも資料を長持ちさせるということは，将来の利用を保証するという意味でとても大切なことだと思います。そのためには，数か月から数年の保存年限のものは，正直どうでもよいかもしれませんが，保存年限に関係なく最小限の修理にとどめるというのは，私は大事だと思います。

　いずれにせよ，図書館資料を修理するときの大原則は「利用に耐えうる最小限の修理」です。修理する目的が「利用のため」ですから，そのための必要最小限の修理にとどめ，それ以上のストレスを与える修理をすべきではありません。したがって，利用の激しい資料と，ほとんど利用されない資料とでは，その材料，方法が異なってきます。資料の状態も千差万別ですから，資料によって使う材料も方法も違ってきます。そういう意味では，すべての資料に共通する修理のマニュアルは存在しません。

## 2. 修理のための基本的な知識─健全な修理を実現するために

　修理の方法は千差万別になります。材料も千差万別です。状況に応じた工夫次第です。どうやってその千差万別な工夫を考え，判断するのか，それは最終的には経験値を高めることでしか獲得できない部分もありますが，どういう修理をするにしても，原則，守らねばいけないことがあります。

　一つは，繰り返しになりますが，最小限の修理。硬くしない，強くしすぎない，バランスをできるだけ崩さず長持ちさせるような「やさしい修理」です。

　そして，もう一つのポイントは，製本や紙の工夫・性質を考えて修理することです。まず，それについて解説します。

　それによって，どうしても修理することによって壊れやすくなってしまうデメリットを少なくしてやりたいからです。

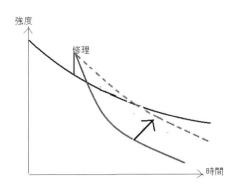

## 3. 製本や紙の工夫・性質を考えての修理

## (1) 製本の工夫を知る

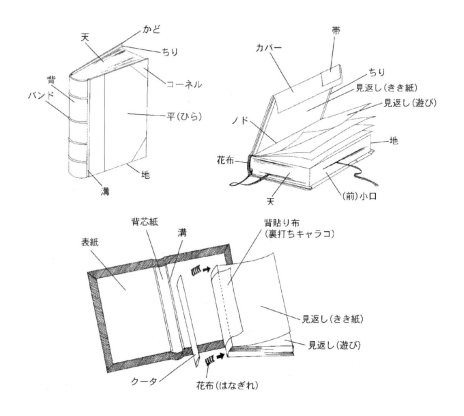

　本はその構造上，さまざまな工夫がされています。資料の破損や修理という
視点からみると，「利用しやすい，読みやすい工夫」です。これは「開きやす
い工夫」ともいえます。この「開きやすい工夫」が本を壊れにくくしているの
です。以前は開きやすいように糸で綴ってあった本が，最近ではそのほとんど
が無線綴じと呼ばれる背を接着剤で固めた構造になっています。これはノドま
で本が開きませんので，読むときは常に押さえつけていなければなりません
（p.55）。するとノド元に常に力がかかって，壊れやすくなってしまいます。特に，

厚い紙，硬い紙で無線綴じですと，大きく開いたり，コピーをとっただけで，新刊なのにバラバラになって壊れてしまうこともあります。また，本体の背と表紙の間に空洞をつくるホロー・バックと呼ばれる製本方法（p.52）や，「丸背」，「山出し」，「耳出し」（p.50）なども開きやすくする工夫です。これらの工夫を修理によって台無しにしないようにしなければなりません。

　では，その開きやすい工夫について，製本工程をたどりながら見ていきましょう。

　これが明治期以降のオーソドックスな洋製本，上製本の形です。ちゃんと立つようにハードカバーです。この製本方法は表紙と中身を別々に作り，あとで合体します。当たり前と思われるかもしれませんが，昔はそうではありません。

西洋の古典籍などをご覧になると，中身を綴じていって，その続きで表紙を付けていました（綴じ付け製本）。ですからこの製本方法は明治期以降，近代の代表的な製本方法です。中身を表紙でくるむので「くるみ製本」と呼ばれています。

　　まず中身を作っていきます。オーソドックスなやり方を説明します。

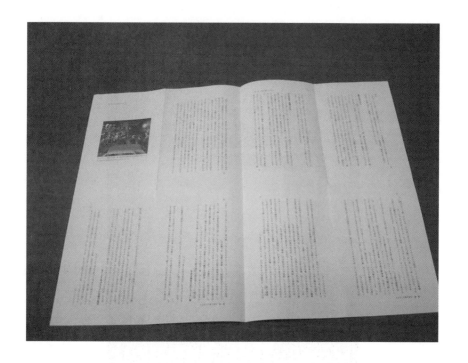

　　まず文字などの情報（本文）を8ページ分いっぺんに印刷します。裏表で合わせて16ページ分です。16ページ分というのは一般的にというだけで，薄い紙の辞書などは32ページ分，ちょっと厚い紙の絵本などは8ページ分というように変えてもまったく問題ありません。それから折りたたんで，三方をカットして，一般的な16ページ分印刷であれば，4枚の紙を二つ折りにしたような感じになります。

　これを「折丁（おりちょう）」といいます。このような形で本文がつながるように考えて印刷しますから，最初の大きな紙の状態ではページの順番も飛んでいますし，天地もひっくり返ったりしています。

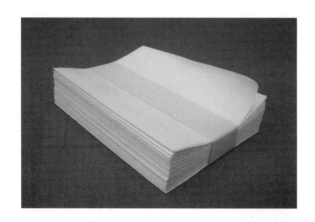

　この折丁を順番に積み上げて（丁合（ちょうあい）），本文をつなげていき，1冊の本ができます。この折丁で作られた本というのは，16ページ分で余りが出ることがあります。本の最後に自社の刊行物の宣伝が載っていることがよくありますが，それは余った部分の穴埋めです。

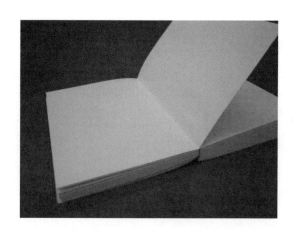

　この折丁を何らかの形で一体化する必要があります。糸で綴じたり，接着剤を使ったり，いろいろな方法がありますが，糸で綴じるのが従来からの方法で，基本的に手かがりでした。しかし，明治期以降の商業製本ではとても間に合わなくなって，機械が発明されて，広まった方法があります。機械でかがるので「機械かがり」と呼ばれているこの方法が，商業製本では代表的なかがり方でしょう。現在の本も，糸でかがってある本はほぼ機械かがりでしょう。折丁の折りのところを糸で縫って，次の折丁につなげてまた折りのところで縫っていくやり方です。ですから開くと，折丁の谷部分に糸が見えます。つまり通常ですと 16 ページごとに糸が見えることになります。

　白く細い木綿糸なので，写真ではわかりづらいので，サンプルとして色をつけた太い糸でかがってみました。これですと 3 本の糸で最初の折丁から最後の折丁まで縫い上げていきます。

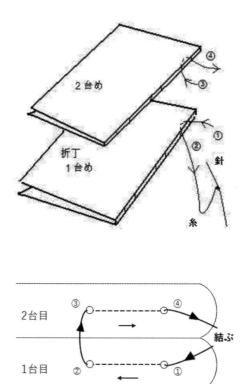

　詳細は，東京都立図書館ホームページ「資料保存のページ・テキスト / 糸綴じ」をご覧ください。

https://www.library.metro.tokyo.lg.jp/guide/uploads/10_itotoji2021.pdf

こんな面倒くさいことをやっているのは，開きやすいからです。きちんとノ
ド元まで開きます。しかし，コストはかかります。そこで商業製本で開発され
たのが「無線綴じ」です。この製本方法は，糸でかがるなんて面倒なことをし
ないで，接着剤で背を固めてしまえば一瞬で一体化しますから。この製本方法
は，昭和30年代からまたたく間に普及して，現在は出版物の9割以上が無線
綴じではないでしょうか。児童向けの本，絵本などはまだ糸かがりのものがあ
りますが，あとはほぼ無線綴じです。コストです。開きやすいというようなこ
とは考えていません。極端な言い方をすれば，外見，形だけ整っていればいい
という考えです。開きにくく壊れやすい本です。

　一体化させた後に，裏表に「見返し」という二つ折りにした厚めの紙を貼り
ます。

その後，「背固め」をします。背を接着剤で固めて，本の形を作るわけです。

しっかりと固定する必要があるので，けっこう強い接着剤で固めます。でんぷん糊では弱すぎるので，昔は膠（にかわ）を使っていましたが，今はボンド系の化学糊です（商業製本の無線綴じの接着剤はほとんどが「ホットメルト」というものです）。

そのときに，単に接着剤だけでなく，厚手で強い紙（ハトロン紙）とか裏打ちのキャラコなどの布を上から貼ります（前ページのサンプルは丁寧に両方貼っています）。こうするとさらにしっかりと背が固定されて強くなりますから。そして，背に貼るだけでなく，少し（通常2cmほど）両側に飛び出させておきます（羽を出す）。

普通の商業製本の場合は，明治期からずっと「寒冷紗」という材料を使っています。布ですがスカスカで弱そうです。なぜこんなものを使うかといえば，やはりコストの問題です。糊が通り抜けるので，一工程少なくなるからです。

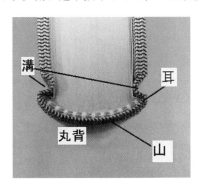

この後，花布（はなぎれ）を付けることもありますが，これで基本的には中身は完成ですが，他にも工夫のあることを追加で説明します。

　背は何もしなければ平らですが，山出しして背を丸くした（丸背）にしたものも多いです。さらにその端を飛び出させる（耳）加工をしたものも多いです。わざわざこういう加工をするのも，本を開きやすくするためです。平らなまま角ばった背を「角背」といいますが，外見は整っていてきれいですが，「丸背」に比べて開きは悪くなります。

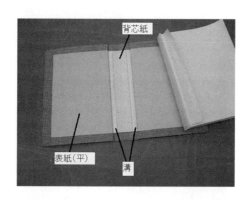

　次は表紙のほうにいきましょう。中身のサイズに合わせて表紙を作ります。上図は裏から見たところです。この表紙（平）の部分と背の部分（背芯紙）の間に隙間が空いています。いわば遊びの部分です。これは「溝」と言われる部分です。できあがると，表紙と背の境目に凹んだ溝がありますがその部分になるわけです（p.49）。この溝の幅は，表紙のボードの厚さが通常の 2mm ぐらいなら，7mm くらいに設計されます。

　ハードカバーの場合，この溝という遊びがないと本が開かないのです。普通に表紙が開くのはこの溝があるからなのです。7mm という幅は，普通に開閉させるために必要な寸法というわけです。日本の商業製本の技術は優れていますから，かなり正確に 7mm ぐらいの寸法が取られています。本が抵抗なく開くというのは当たり前すぎて，開かない本を見たことがないでしょう。でも外国ではあります。目録をとるためには標題紙を見る必要もあるし，とにかく本を開けなければなりませんが，そうすると，ノド部が裂けてしまうものがあり

ます。その壊れてしまった本をみると，ほとんどこの溝がなかったり，すごく狭かったりします。

　本を開くためには溝が必要です。

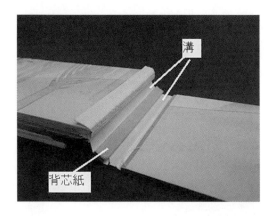

　絵本の場合は7mmどころではなくて，10mm以上ぐらいの溝になっています。これは間違えているわけではありません。溝が広すぎると本の体裁としてはみっともないのですが，あえて広くしています。絵本は子どもたちが無理なく大きく開けられるように，わざとこの溝の幅を大きく取ってあります。そういう工夫が製本の世界にはあるのです。

　中身と表紙ができたら，両者を一体化させるくるみ工程です。

最初，背固めときに作っておいた羽，背から 2cm ほどはみ出させておいた
ハトロン紙や裏打ちキャラコ（商業製本では寒冷紗）を表紙（平）に貼ります。
その前に，まず強い接着剤で，中身を溝部分で付けます。溝部分を付けたら，
羽を表紙（平）に貼ります。前ページのサンプルの場合は，丁寧にハトロン紙
と裏打ちキャラコの 2 つの羽がありますから，まずハトロン紙を貼っていると
ころです。この後に裏打ちキャラコの羽も貼ります。

その後，二つ折りで貼ってあった見返しの，きき紙と言われる片側のほうを
全面，表紙（平）に貼り付けます。これでできあがりです。

## 【ホロー・バックという工夫】

　この本は角背と呼ばれている作りです。製本関係のシリーズ本の一冊です。さすがに製本関係の本だけあって，無線綴じではなく，ノド元まできっちり開くように糸でかがってあります。機械かがりで，16 ページごとに糸が 3 本見えます。

　同じシリーズで別の本を購入したら，今度は開かないのです。まさか糸かがりを止めたのか……と疑って，ノドの奥を覗いたら，ちゃんと糸が見えました。糸でかがっているのです。それなのになぜこんなに開きが悪いのでしょうか。

その違いは，背の部分，背と中身と離れて空洞ができているか，それとも背と中身が接着されて空洞がないかです。本がよく開くのは，空洞があるからです。本を初めて見た人がいたら壊れていると思うかもしれないくらい見栄えは悪いのですが，開きやすくするために工夫された製本方法で，ホロー・バックと呼んでいます。片や，タイト・バックです。タイト・バックは外見はきれいで，強度も強いですが，利用すると開きにくく壊れやすいのです。

　ホロー・バックはとても大きな工夫です。しかしこれを知らないで，例えば表紙が外れて，中身とまた合体したいときに，一番簡単なのは，中身の背に糊を塗って，表紙の背に貼り付けてしまう方法です。つまりタイト・バックにしてしまうことです。とても簡単ですが，とても開きにくくて，利用すると壊れやすい本になってしまいます。ですから，先ほどの「くるみ工程」で，溝のところはしっかり付けるけど，背の部分は付けませんでした。そうすると，合体強度は弱くて，タイト・バックのような強度は確保できませんが，あえてこのようにしているわけです。なお，強度が弱いという欠点を補うために，「クータ」という丸筒を，中身の背と表紙の背芯紙の間に挟み入れる製本方法もあります。空洞を確保しつつ，しっかりと合体させようという工夫ですが，手間がかかるため，現在の商業製本ではほとんど採用されていないようです。

　では，なぜこのようなタイト・バックという製本方法があるのか。それは，簡単であるほか，角背もそうですが，「見栄え」がよいからでしょう。美しいのです。昔の本にはけっこうあります。角背のタイト・バック，ずらっと並んだ何とか全集。利用するというより飾っておくようなもの。おそらく，角背，タイト・バックは，利用というより本の美しさを優先させた製本方法なのではないかと思います。

　タイト・バックの本が壊れて修理する際には，今後のことを考えて，またタイト・バックにするのではなく，ホロー・バックに変更することが多いです。

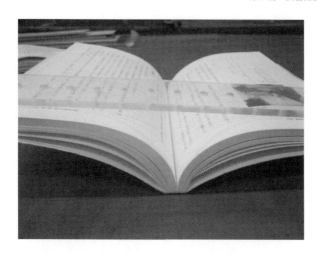

　この無線綴じの本というのは，厚めの紙表紙を背に貼ってくるんであります。ある意味タイト・バックです。だから，無線綴じに加えて，タイト・バックでさらに開きにくく，壊れやすいわけです。

　その欠点を補うために，ある会社が「クータ・バインディング」という方法を考えました。無線のソフトカバーなのに背のところに空洞を作ってやるのです。これは接着剤もホットメルトではなく，別の柔らかいものを使っているのですが，上の写真のように，とても開きやすくなっています。

　もう 10 数年ぐらい前から，市場に流れてきていますが，やっぱりコストがかかるので，なかなか広まらない。しかし良心的な出版社は，少しずつ取り入れるようになってきていますから，もう皆さんもご覧になったことがあるかもしれません。最初に新刊でこれを見たとき，たいていの人は「壊れている」と

思ってしまいます。人間の常識とか慣れというのはこわいもので，この隙間，空洞を見たとき，ハードカバーのホロー・バックは見慣れているので当たり前だと思うのに，無線綴じのソフトカバーの場合には「壊れている」と思ってしまいます。そして，壊れていると思って，この隙間を糊で貼り付けてしまったら，せっかくの工夫が台無しになってしまいます。気をつけて，合理的に考え，判断する必要があります。

　厚紙で作った「赤ちゃん絵本」です。空洞・隙間がしっかり確保されています。もしそれがなかったら，厚紙なのでまったく開きません。「クータ・バインディング」が発明されるずっと前から，必要に迫られて，こういう工夫がされてきました。ほかにも「広開本」という同じような作りの本もあります。

　修理に際しても，常識にとらわれず，合理的に考えて，工夫していきたいものです。

## (2)　紙の性質を知る―紙の目
　紙にも工夫があります。紙はその製造過程で紙の繊維が一定方向に並びます。繊維の並んだ方向を紙繊維の並ぶ方向を「紙の目」とよび，「縦目」ともいいます。横切る方向を「横目」，「逆目」といいますが，両者はさまざまな性質の違いがあります。例えば，縦目方向には曲がりやすく，横目には曲がりにくい

という性質がありますから，通常，本は紙の目（縦目）が天地方向になるよう
に作られています。紙の目に沿ってページをめくるため開きやすく読みやすい
本になるからです。一方，横方向（横目）の紙を使うと，開き難く，したがっ
て壊れやすい本になります。無理やり開こうとすると，すぐに壊れてしまいま
す。

破ってみて、きれいに避けるの
が紙の目の方向（縦目）。

紙の目の
方向

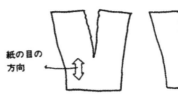

軽く曲げてみて、抵抗が少なく、
曲がりやすいのが紙の目の方向
（縦目）。

紙の小片を水に浮かべてみて、カールするのが紙の目の方向（縦目）。

本には、紙の目が天地方向の
紙（縦目の紙）を使用する。
本の開きがよくなるからであ
る。

洋紙の場合ですと，製紙工場を見学すると，最初の原料から，いろいろな工程を経て最後は大きなロールに巻き取られて紙ができあがります。あの100m以上にわたる流れのなかで紙の繊維が並びます。つまり，巻き取った方向が紙の目（縦目）です。また和紙については，日本の場合，通常「流し漉き」という技法で作りますが，紙の繊維を入れた水槽をから簀の子ですくい取って，簀の子を斜めにして水を流します。その流し取った方向に繊維が並ぶわけです。

縦目は曲がりやすいのが最大の特徴です。繊維の流れている方向ですから，理屈で考えてもわかります。そして，折りやすいし，切れやすい，裂けやすいということにもなります。

薄い紙だとわかりにくいのですが，厚手の紙，板紙になるとよくわかります。左写真の紙は，すっときれいに折れ曲がっています。しかし右写真の紙は曲がりにくくて，無理やり折るとグチャグチャになっています。工作でこうなってしまった経験があるのではないでしょうか。これは紙を横目で使っているせいです。保存箱などを作るときに，この性質を知っていて，縦目，縦目で作っていくと，手早くきれいにできます。

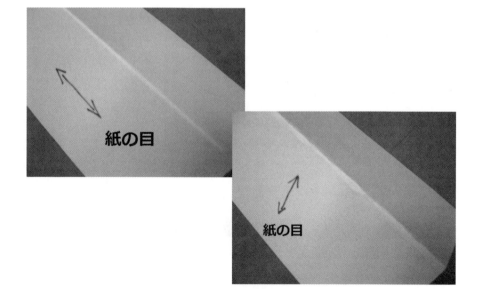

紙の目

紙の目

　では，今度は曲げてみましょう。あまり薄いとわかりにくいので厚さ0.5mm
程度の板紙です。これを同じような力で縦目方向と横目方向に曲げてみます。
実際にやってみるとはっきり違いがわかります。まったく違いますから。横目
方向には本当に曲がりません。これが本のような厚さになったら……。

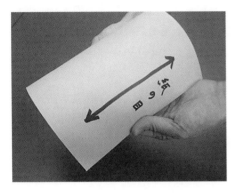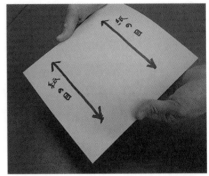

　本に使われる紙，表紙，見返し，本文用紙，すべて縦目で使われています。
そうでないと本が開かないからです。でも開かないと読めませんから開こうと
するとノド部に力がかかって，たちまち壊れてしまうことになりかねません。
皆さん，当たり前すぎて意識していないと思いますが，本がちゃんと開くのは，
ちゃんと縦目の紙を選んで使っているからです。

　日本の本は，ほぼきちんと縦目で作られています。誤魔化しているものもあ
りますけど，日本の本はしっかりしているほうです。外国の本ですと，国によっ
てはまったく気にしていないのではないかと思われる場合もあります。先日，
中国の20年くらい前に出版された児童書が30冊くらいあったのですが，見事
に全部が横目の紙でした。子どもが読むのに，どうやって読むのだろうと思う
くらいに開きが悪い。たまたまではなく全部です。わざと意地悪をしているわ
けではないでしょうが。
　角背のタイト・バックの本が，利用というより，飾っておくための本ではな
いかといいましたが，日本でも昔の本は意外と横目の本が多いのも同じ理由か
もしれません。外見は立派で高価な本です。まだ無線綴じもなかった時代で，

糸で綴じてあります。しかし，開きがとても悪くて，ノドに負担をかけて壊れやすい本が往々にしてあります。

　紙の目に関係した壊れ方の特徴の一つは，不自然にパカンと真っ二つになることがあります。まだ新しくて，丈夫そうに見えるのにです。このような壊れ方の場合は紙の目を疑います。大きな負担が弱い部分に集中してしまうからでしょう。これは紙を変えない限り，いくら修理してもまたすぐ壊れます。

　また，冬など乾燥期に表紙が天地方向に大きく歪んで，ひどくなるとノド部をも破損させてしまうようなことがあります。こうなる大きな原因は表紙ボードに横目の紙が使われているからです。湿気を与えて押さえつけておけば一時的には治りますが，また乾燥すれば，元の木阿弥です。つまり，表紙の紙を変えない限り治りません。

　紙の目は，本の開きやすさを大きく左右しますから，その工夫を台無しにしないことは，修理を行う際にも大切なことです。
　修理のときに紙を，紙の目関係なく適当に使って，それが横目だったら，そこだけ開きにくく，突っ張ってしまって，壊れやすくなってしまいます。修理に使う場合は原則として，縦目で紙を使います。「原則」といったのは，紙の目の特徴を知って，わざと横目で使う場合もあるからです。

　あと一つ，修理において，紙の目に注意が必要な理由があります。
　修理で水を使うことは多々あります。また糊を使うことも多々あります。このように紙に水分を与えたとき紙はどうなるでしょう。縦の辺と横の辺に水分を与えてみました。
　反応がまったく違います。
　縦目方向はすっとしていますが，横目方向は皺々に波打っています。こういう経験は誰にもあるのではないでしょうか。何か貼ろうとして糊を塗ったら皺々に波打ってしまったということ。

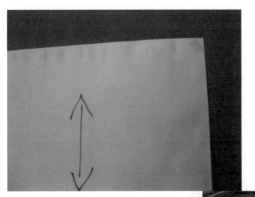

　水分が入ると紙は伸びます。伸びますが，縦目方向にはほとんど伸びないのですが，横目方向には伸びやすいのです。そうすると水分の入ってないところと齟齬ができて，皺々に波打ってしまうのです。また，資料と糊を塗って貼った補修用紙に齟齬ができて，引きつれがおこることにもなります。

　横目の紙は，修理にとって不都合なことがさらにあります。つまり，紙の横目方向に糊を塗ると皺々に波打ちます。以前やった補修の箇所が皺々になっていることがありますが，原因はこれでしょう。また，そういう状態で貼ろうとした場合，作業的にも貼りにくく，どうしても糊を多く使ってしまうことになり，不健全な修理になってしまいます（p.65）。

　蛇足ですが，利用者が本を雨で濡らした場合など，天地の方は波打っているのに小口は大丈夫ということはありませんか。これは，本に使われている紙は縦目ですから，縦目方向の小口は大丈夫で，横目方向の天地は波打ってしまうのです。

## 4. 修理の基本的な知識・技術　優しい修理

---

強固にするのではなく，柔らかく仕上げる。

⇒　和紙，でんぷん糊，少量の糊

---

どのような修理をどこまでするか，いずれの場合でも共通する技術的原則があります。それは「やさしい修理」の実現，最小限にとどめ，いかにバランスを崩さず長持ちさせるかという「やさしい修理」。それを具体的にいうと「強固にするのではなく，柔らかく」です。修理のデメリット（修理部分だけ強く固くなって，バランスを崩す）をなるべく少なくするための原則です。

それを実現するポイントは，次のようになります。

これらは，どんな資料に手を入れるときにも，その資料を長持ちさせるために適用されます。きちんと守っていれば健全で美しい修理が実現します。

・補修テープ（接着剤付き）ではなく，材料（紙・布など）と糊での修理が基本。
・紙の目に注意！
・糊は薄く（濃さ），薄く（厚さ）。
・乾くまで形を整えて，板で挟んで重し（締め機）を！　一度に一か所，一工程。

## （1）　修理で使用するもの

修理で使用するのは，水と紙と糊です。まずそれらについて解説します。

## 【水】

水を使うときの注意点は，紙に水分を与えると，乾くときに歪み・波打ちが生じて紙が"暴れる"ことです。糊（水分が多く入っている）も同様です。ですから，乾くまで必ず紙が暴れないように板に挟んで重しをするなど，押さえておく必要があります。

**【紙】**　できるだけ和紙を使用

　和紙を使っていれば問題ありませんが，洋紙を使用せざるを得ないときもあるでしょう。いずれにしても，紙目は原則として「縦目」で使用します。

　なぜ和紙がよいのかというと，和紙は長期の保存に耐えられ，丈夫であること，使い勝手がよいことや繊維が長いために接着したときになじみやすいので，糊の量を少なくできること（p.65）などがその理由です。また補修で，紙を貼った分だけその部分が厚くなりますが，和紙の場合，叩いたり，圧力を加えたりすることによって繊維が潰れて厚さが目立たなくなります。見た目もきれいです。和紙を使って補修をすることを覚えると，テープでは，汚くてできなくなります。

　和紙の主な原料は，楮（こうぞ），三椏（みつまた），雁皮（がんぴ）ですが，補修に使うのは，楮を原料とした楮紙（ちょし）がよいでしょう。繊維が最も長く，何にでもよくなじみます。産地や機械漉きか手漉きかは選びませんが，あまり安価なものを求めると木材パルプなどが混入されていることがあるので，品質の確かな楮 100％の楮紙を求めましょう。修復用和紙を扱っている業者さんはあります。

日本図書館協会 > 委員会 > 資料保存委員会

　https://www.jla.or.jp/Portals/0/data/iinkai/hozon/補修に使用する道具・材料(改(例).pdf


　用途に応じて使えるように，以下の 4 種類程度の厚さの紙を用意しておくとよいでしょう。

1.　極薄・典具帖（てんぐじょう）——5g/㎡程度

　　フワフワ飛んでいくような薄さ。紙の目，表裏はほとんど判別できない。

2.　薄・2 匁——10g/㎡程度

　　文字はまだ透けて見える。

3.　中厚・4 匁——20g/㎡程度

4.　厚・6 匁——30g/㎡程度

## 【糊（接着剤）】

修理を不健全にしてしまう一番大きな原因は糊の使い方です。

## ＜糊の種類＞

糊は一般的にはでんぷん糊（生麩糊）と木工用ボンド（化学糊）を使用します。でんぷん糊は資料に悪影響を与えず，木工用ボンド（化学糊）に比べ仕上がりが柔らかく，また水を使って簡単にはがして元通りにすることもできるので，将来再び補修が必要になったときに容易で，つまり「可逆性がある」ということです。

したがって，でんぷん糊だけで補修することが望ましいのですが，木工用ボンド（化学糊）に比べ，接着力が弱いので，でんぷん糊だけですべての修理を行うことは現実には困難です。

ノド部や背まわり，中身の「背固め」や中身と表紙の合体（くるみ）などは強い接着力が必要です。昔は膠（にかわ）を使っていましたが，今は現実的には木工用ボンド（化学糊）を使わざるを得ません。しかし，これでも紙に対しては接着力が強すぎるぐらい強く，強い分だけ硬くなってしまいますし，はがれにくくなりますから，紙の修理をするときは，「でんぷん糊2：ボンド1」程度の割合で混ぜた「混合のり」を作って，それを適当に用途に応じて水で薄めて使います。

それ以外の部分についてはでんぷん糊だけで十分です。

また最低限，資料的価値の高い貴重な資料や長期に保存する資料の本紙部分にかかわるところについては，化学糊ではなくでんぷん糊を使用します。なお和装本については，貴重な資料が多いことから，化学糊は使用しませんし，構造的に使用する必要もありません。

## ＜でんぷん糊についての補足＞

貴重な資料であれば，信頼性があるのは，防腐剤の入っていない小麦や米のでんぷん糊を使用しますが，一般的な資料でしたら，市販のヤマトのりやフエキのりでよいでしょう。フエキのりはコーンスターチ，トウモロコシのでんぷ

ん。ヤマトのりはタピオカでんぷんが原料です。一般的な修理だったらこれで
よいと思います。

## ＜化学糊についての補足＞

　木工用のボンド以上に強い接着力を持ったものは，紙に対しては使ってはい
けません。化学糊は一般的に接着力が強くなればなるほど速く乾くので，便利
なように思いますが，いったん乾くと硬くなり，また二度とはがせない場合も
ありますから，例えばプラスチックを接着するような強力なボンドなどは使用
してはいけません。

　塗って貼るとすぐ乾くような強力なもの，最後は瞬間接着剤ですけど，でき
あがりはガチガチで，もちろん二度とはがれません。金属も接着するような「手
芸用ボンド，便利ですよ」とかいう人がいますが，やめてください。

　それから，以前よく使われた液状のり。これもガチガチになって，二度とは
がれません。文房具としてはよかったのでしょうが，修理用としては最悪の結
果を招くことになります。

## ＜糊の濃さと量＞

> 糊は薄く（濃さ），薄く（厚さ）

・ポイント
①　よく練って，均一に溶かす。
②　均一に，まんべんなく塗り，よくなじませる。
③　乾くまでよく押さえる。擦る。はみ出たらふき取る。貼ったら押さえる。

　柔らかく仕上げるには，できるだけ量を少なくします。濃度もなるべく薄く，
塗る量も薄くのばして塗ります。でんぷん糊にしてもボンド混合のりにしても，
容器から出したままの原液では大変濃い状態ですから，そのまま使うことはほ
とんどなく，水を加えて薄めます。

濃いと接着力は強いけれど，その部分が硬くなり，厚くなります。したがっ
てまわりに悪影響を及ぼしやすい。薄ければ薄いほど柔らかく仕上がりますが，
はがれやすくはなります。

　薄い糊でよく接着させるためのポイントは以下のとおりです。

・よく練って，均一に溶かす。

・均一に，まんべんなく薄く塗り，よくなじませる。ボタボタ状態は厳禁。

・貼ったら擦る。乾くまでよく押さえる。

　貼った箇所を上から濡れタオルで押さえると，さらになじみ，余分な糊を取っ
てくれます。この作業を標準としてください。

　糊の濃度は，おおむね本紙の厚さによって使用する和紙の厚さが決まってか
ら決まります。通常の書籍用紙であれば，$10g/m^2$程度の薄い和紙で，糊はほぼ
水で，多少粘り気がある程度です。

　貼ってそのまま置いておいて接着するような場合は，異常に糊が濃いといえ
ましょう。擦ったり（必ず紙を当ててその上から），乾くまで押さえておいて，
ようやく接着するくらいの濃度でなくてはいけません。また，貼ってすぐに，
まだ濡れている状態のときに，資料を歪ませるような力をかけてはいけません。
薄い糊であればはがれてしまうのが当たり前です。形を整えて押さえておきま
しょう。紙が暴れるのを防ぐためと（p.62），薄い糊で接着させるためには，乾
くまでよく押さえておくことが必須です。


## ＜押さえ方の注意＞

> 乾くまで形を整えて，板で挟んで重し（締め機）を！
> 　一度に一か所，一工程。


　薄い糊で接着させるためには，乾くまでしっかりと上から押さえておくこと
ですが，本は実際には直方体でない場合もあります。

　特にノド部に糊を入れる場合ですが，ソフトカバーの本でもノド部（背の方）
の厚さが前小口より薄い場合があります。その場合，板に挟んで重しをしても，

肝心のところがしっかりと押さえられていない場合があります。その場合は，例えば厚手の板紙を細く切り出してノド部（背の方）に当てがって，その上から板をのせて重しで押さえましょう。また，ハードカバーの本の場合は「溝」があって，肝心の押さえたいところが押さえられていません。溝に編み棒（4号程度）や，バーベキュー用の丸串を当てがってから押さえましょう。背など上から押さえられない場合は，伸縮用包帯などを均一に巻いてください。クリップや輪ゴムは，均一に押さえられず，歪みを生じさせる原因になります。いずれにせよ，押さえたいところがきちんと押さえられているかどうか確認して，必要な部分に力が加わるように工夫しましょう。

丸串

　これらは，どんな資料に手を入れるときにも，その資料を長持ちさせるために適用されます。きちんと守っていれば健全で美しい修理が実現します。

**参考例：破れの補修を薄い和紙と薄い糊で行った前後写真**

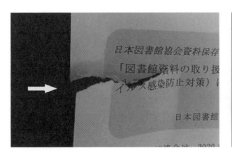

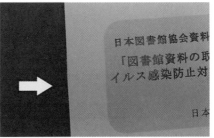

## (2) 補修用テープについて

補修テープ（接着剤付き）ではなく，材料（紙・布など）と糊での修理が基本。

### ＜補修テープの欠点＞
・はがそうとしてもはがれない。再修理不可。
・その部分は丈夫になるが，他の部分を壊しやすい。
・劣化が心配。
・折れ曲がる部分など力のかかる部分ははがれやすい。

### ＜はがそうとしてもはがれない。再修理不可＞
　補修用テープの欠点はいろいろありますが，最大の欠点は可逆性（p.39）がないことです。ですから使用が限定されます。可逆性が必要でないもの，今度壊れたら捨てよう，捨ててよいというものに限定されます。

### ＜その部分は丈夫になるが，他の部分を壊しやすい＞
　それからもう一つは，何が強くて硬いかというと，種類によって差はありますがおおむね補修用のテープは，その最たるものです。まだ本紙が丈夫なうちはいいとしても，やがて本紙が弱り，逆にテープを貼った部分は劣化して固くなると，その境目が簡単に裂けてしまうようになります。「バランスを崩さない」ために「強固にするのではなく，柔らかく」という原則からすると，最悪の材料と言えます。

### ＜劣化が心配＞
　テープ自体の劣化があります。材料としての安全性（p.40）が心配されます。セロテープは論外ですけど，ちゃんとした補修用テープとして販売しているものは 20〜30 年は大丈夫でしょう。品質がよくなっていますから。しかし，それ以上だと心配です。

## ＜折れ曲がる部分など力のかかる部分ははがれやすい＞

　これは見落としがちな実利的欠点ですが，平面ではなく，本の開閉部分など
に貼ると，そういう部分は紙と糊で貼るように形状どおりに貼ることが難しい
こともあって（ちょっと失敗しても一度貼り付いてしまうとはがしてやり直しができ
ません），常に引っ張る力がかかってしまい，周辺を壊しやすくなります。周
辺がまだ丈夫で壊れないと，はがれるというより，（接着力が強いので）貼った
紙の表面を薄くもってきて外れてしまいます。

　ただ，「修復の基本」（IFLA）の解説（p.39）でも述べましたが，可逆性にし
ても，それからバランスにしても，劣化が心配にしても，資料によっては，保
存年限が短期間であれば気にする必要がない場合もあります。何らかの形でど
うしても使う場合，テープの劣化や本紙の劣化を考えると，ざっくり言って
20 年ぐらいかなという感じがします。20 年ぐらいまでの保存年限であれば，
テープを使用するという判断はありえるでしょう。あくまで，私の印象ですが。
逆に，それ以上，50 年，100 年，その図書館にしかないような資料に対しては
絶対に使ってはいけません。50 年後の人が泣きます。
　テープは，おおむね基材と粘着剤（接着剤）から成り立っています。基材と
粘着剤（接着剤），両方の劣化を考える必要があります。基材のほうは，多くの
ものがプラスチック系で，これが紙に対して強すぎるわけですが，紙系のもの
もあります。これは強すぎるという欠点を緩和させています。基材の劣化は，
例えばセロハンテープでは基材のセロハンは数年で劣化してはがれてしまいま
す。補修用テープについては，以前は十数年で硬化していましたが，現在は品
質が向上して，正直よくわかりませんが，20 年程度は大丈夫という印象です。

## ＜問題は粘着剤＞

　実は，問題は，基材より粘着剤（接着剤）のほうです。たとえ基材ははがす
ことができてもベトベトの粘着剤（接着剤）は残ってしまいます。これを取り
除くのは大変ですし，できない場合もあります。これが「悪さ」をするのです。
粘着剤（接着剤）が残って紙（本紙）に染み込んでいきます。それが紙を劣化

させ，固くなり，最終的にその部分をぼろぼろにして，欠落させてしまいます。セロテープがはがれた跡が茶色になって硬くなっているのをご覧になったことがあるでしょう。まさにあれがその状態です。この問題は基材が何であれ同じです。「和紙テープはいいんじゃないですか」と言う人がいますが，たとえ基材が和紙であったにしても（たいていは和紙ではなく「和紙風レーヨン」です），粘着剤（接着剤）の問題は残ります。可逆性，安全性の観点からはとても厄介で危険な材料です。

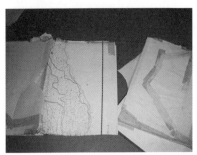

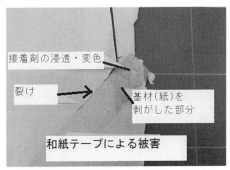

## 5. 道具とその使い方

　よく使う道具や材料の具体例については，日本図書館協会資料保存委員会のページに紹介されていますのでそちらを参考にしてください。

日本図書館協会 > 委員会 > 資料保存委員会

　https://www.jla.or.jp/Portals/0/data/iinkai/hozon/補修に使用する道具・材料(改(例).pdf

　ここでは，最低限用意したい道具類について説明します。


①　筆

　まずは，コシの強い平筆を用意します。

　コシが強いのは豚毛です。油絵用などですが，安価なものであればナイロン製もあります。書道用などの毛筆用のぼったりした筆は不向きです。糊を塗ったときにボタッと付いてしまっては，なるべく少量の糊でという原則から外れてしまいます。コシの強い筆で塗った糊をそぎ落として薄く塗るためです。

②　目打ち

　穴をあけるだけでなく，寸法を採ったり，ヘラの代わりに折り筋をつけたり，いろいろ用途があります。

③　板（2枚一組）

　シナベニヤ，版画用の板，ボール紙を貼り合わせたものなど，厚さ1cm程度あれば何でもよいでしょう。

④　重し

　本来は締め機がほしいところですが，とりあえずは重しがあれば簡単な補修には間に合います。これも何でもいいのですが，市販されている1kgくらいの文鎮や，5kg程度の漬物石が使いやすいでしょう。重しは，板もそうですが代用できるものはたくさんあります。例えば，ペットボトルに砂や水を入れたものでもよいでしょう。


　最低限の道具のなかに，板と重しが入っていることを意外に思うかもしれませんが，板と重しがないと修理はできません。他のものを使う場面もありますが，基本的には板と重しです。糊を塗ったときを含めて，水分を与えたとき，紙は暴れますから乾くまでしっかりと押さえておく必要があります。また，糊で接着しようとするとき，できるだけ糊の量を少なくして柔らかい仕上がりを実現するためには，しっかりと乾くまで押さえておく必要があります。押さえないで放っておいて接着するようであれば，それは異常に糊が濃くて大量ということです。しっかりと全体を均一に押さえるために，挟む板と重しが必要で

す。輪ゴムやクリップでは均一にきちんと押さえることはできません（p.66）。

⑤　定規

　30cm 以上の直定規ですが，片目盛りで，端からすぐに目盛りが始まっているものがよいでしょう。

⑥　カッターナイフとカッターマット

　ハサミでは紙などの材料をまっすぐ切ることはできません。定規を当ててカッターナイフで切ります。紙にもよりますが，刃の切れ味は思ったより早く落ちてきます。切れ味が悪くなったと感じたら，こまめに刃を折って交換しましょう。特に弱った紙，劣化した紙を切るときには，切れ味の悪い刃ですと紙を引きずってきて損傷させることがありますので，必ず新しい刃にしてからが安全です。

　なお，紙などを切るときは，必要な側を保護するように定規を当て，しっかり押さえて，定規（目盛のない方）に沿って，縦方向つまり自分の体（お腹）に向かって手前に切ります。横方向に切ると曲がることが多々あります。人間工学的に定規を横にしっかり押さえることはできないようです。

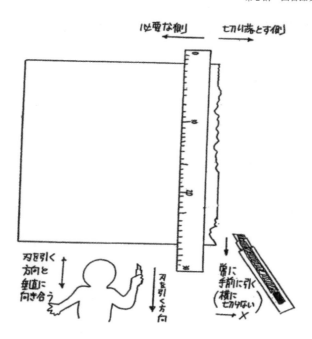

　なお，具体的な修理方法（例）などについては，以下の資料等を参考にして
ください。内容の詳細は次ページ以降に掲載しました。
・『防ぐ技術・治す技術－紙資料保存マニュアル－』「防ぐ技術・治す技術－紙
　資料保存マニュアル－」編集ワーキング・グループ編，日本図書館協会，
　2005，123p，2200円（税別）
・「資料保存のページ」（東京都立図書館ホームページ）
　https://www.library.metro.tokyo.lg.jp/guide/about_us/collection_conservation/conservation/
　index.html
・「資料保存委員会」（日本図書館協会ホームページ）
　https://www.jla.or.jp/committees/hozon/tabid/96/Default.aspx
・「資料の保存」（国立国会図書館ホームページ）
　https://www.ndl.go.jp/jp/preservation/index.html

# 参考：保存や修理の方法を，詳細に，具体的に知るために

具体的に知りたいことを探せるよう，内容（目次）を詳しく掲載しました。

## 『防ぐ技術・治す技術－紙資料保存マニュアル－』

「防ぐ技術・治す技術－紙資料保存マニュアル－」
編集ワーキング・グループ編，日本図書館協会，
2005，123p，2200 円（税別）

（2）pH の測定

## 第 2 章　防ぐ技術

2.1　取り扱い（ハンドリング）

2.1.1　排架・書架整頓

（1）余裕を持った排架

（2）ブックエンドの使用

（3）大型資料の平置き

（4）中性紙ボードの利用

2.1.2　出納

（1）運搬時

（2）カウンターで

2.1.3　閲覧

（1）資料を閲覧する前に

（ア）手洗いの励行　　（イ）飲食，喫煙

（2）閲覧時

（ア）書架からの取り出し　　（イ）メモ取り　　（ウ）付箋紙，しおり

（エ）切取り，落書き

2.1.4　複写

（1）上向き複写機

（2）複写制限

2.1.5　貸出・返却

（1）返却ポスト

（2）返却時の点検

（3）雨天時の注意

2.2　装備

2.2.1　管理上の必要から

（1）蔵書印

（2）ラベル・シール類

2.2.2　利便性を考慮して

（1）フィルムカバー

（2）付属資料

（ア）正誤表　　（イ）地図・図表　　（ウ）その他の注意点

2.2.3　予防的観点から

（1）開き癖

（2）不要物の除去

2.3　製本

2.3.1　防ぐ製本

（1）事前製本

（ア）パンフレット製本　　（イ）綴じ直し　　（ウ）平綴じ　　（エ）上製本

（2）合冊製本

2.3.2　治す製本（修理製本）

2.4　保存容器

2.4.1　容器に入れる

（1）効果と材料

（2）種類と作製方法

（ア）カイル・ラッパー　　（イ）ポケットフォルダー　　（ウ）パンフレット製本　　（エ）ブックカバー　　（オ）ブック・シュー　　（カ）その他

（3）写真

2.4.2　ポリエステルフィルム封入法（フィルム・エンキャプシュレーション）

（1）四方型シーリング

（2）2穴フォルダー

（3）長い資料の保管

2.5　点検時

2.5.1　汚れの除去

（1）道具の種類

（2）汚れの除去方法

（ア）天小口　　（イ）ノド部　　（ウ）一枚物　　（エ）図書の装丁

（オ）裂けた部分　　（カ）シミ

2.5.2　カビ害・虫害

（1）カビ害

（ア）書庫内でカビ害が広がった場合　　（イ）少量の資料にカビ害が見られる場合

（2）虫害

（ア）防ぐ対策　　（イ）虫害が発生した場合の対策

2.5.3　水濡れへの対処

（1）資料が部分的に濡れてしまった場合

(1) 保存の方策を決定・選択するための一覧表

(2) 製本仕様書

(3) 展示環境記録

(4) 資料検証記録

5.3 資料保存 Q&A

5.4 参考文献

5.5 専門・関連機関

# 「資料保存のページ」（東京都立図書館ホームページ）の内容紹介

https://www.library.metro.tokyo.lg.jp/guide/about_us/collection_conservation/conservation/index.html

## 都立図書館の資料保存

## 報告書・指針等

・資料保存執行体制検討部会報告書（資料保存のあり方）［抜粋］（平成 10/3/25）

・都立図書館所蔵資料の劣化調査について（概要）（PDF: 101KB）

・東京都立図書館 資料保存ガイドライン（平成 22/8/1）（PDF: 212KB）

・東京都立図書館資料保存委員会設置要綱

## さまざまな保存対策

1. 都立中央図書館における書庫の環境管理

2. カビ対策

3. 紫外線対策

4. 酸性紙資料の脱酸性化処置

5. 保存・保護のための容器・装備

　・カイルラッパー，ブックカバー，ブックシューなど

　・フィルム・エンキャプシュレーション

6. 保存・保護のための製本

　・板目（簡易）製本・パンフレット製本

　・事前製本

　・合冊製本

7. 金属の留め具や針の除去

8. マイクロフィルム

**災害対策**

- 資料防災マニュアル
- マニュアル動画「被災・水濡れ資料の救済マニュアル」（17分）
- 岩手県陸前高田市立図書館　東日本大震災被災資料の修復について
- 記録動画「大津波からよみがえった郷土の宝―陸前高田市立図書館郷土資料の修復」（15分）

**保存・修理についての Q&A**

**修理・製本に使う道具と材料の紹介**

**マニュアル・テキスト類**

**基礎編**

- 図書館における資料保存とは（PDF: 253KB）
- 修理のための基本的な考え方と技術（PDF: 324KB）
- 修理のための基礎知識（PDF: 824KB）

**和装本**

- 虫損直し（PDF: 301KB）
- 裏打ち（PDF: 253KB）
- 表紙直し（PDF: 284KB）
- 四つ目綴じをつくる（PDF: 544KB）

**動画で見る資料保全室**

- 資料保全室とは
- 和装本の虫損とは・虫損直しの方法1「繕い」の準備
- 虫損直しの方法2「繕い」
- 虫損直しの方法3　できあがり

**洋装本の修理**

- ページとノド部分の修理（PDF: 616KB）
- 背の取れた本の修理（つなぎ表紙）（PDF: 520KB）
- 背の取れた本の修理（簡便な方法）（PDF: 249KB）
- 表紙の外れた本の修理（簡便な方法）（PDF: 248KB）
- 無線綴じ本の修理（三つ目綴じによる方法）（PDF: 455KB）
- 無線綴じ本の修理（鋸目綴じによる方法）（PDF: 301KB）
- 無線綴じ本の修理（ホットメルトによる方法）（PDF: 255KB）
- 糸綴じ（PDF: 353KB）

## その他

- ・図書館資料の取り扱い（PDF: 686KB）
- ・水に濡れた資料の手当て（PDF: 454KB）
- ・カビが発生したら（PDF: 355KB）
- ・かしわ製本（PDF: 262KB）
- ・板目（簡易）製本・パンフレット製本（PDF: 417KB）
- ・カイルラッパー / ブックカバー / ブックシューの作製（PDF: 641KB）
- ・フィルム・エンキャプシュレーション（PDF: 231KB）
- ・付属資料の処理（PDF: 461KB）

## 「資料保存委員会」（日本図書館協会ホームページ）の内容紹介

https://www.jla.or.jp/committees/hozon/tabid/96/Default.aspx

・「図書館資料の取り扱い（新型コロナウイルス感染防止対策）について－人と資料を守るために－」（2020 年 7 月 6 日，2021 年 3 月 1 日改訂）

### 委員会の活動

(1) セミナー・見学会
(2) 図書館大会
(3) 資料保存展示パネルの貸出し
(4) 研修会講師の派遣

　　資料の保存，災害対策，修理（補修）等に関する研修会の講師を紹介・派遣します。また，実習に使用する道具類の貸出も行っています。

### 委員会の刊行物

(1) ネットワーク資料保存（定期刊行物）

　　最新号目次　累積目次　デジタル版を読む
(2) 「防ぐ技術・治す技術―紙資料保存マニュアル―」
(3) 「やってみよう資料保存」

### 資料保存に関する情報

(1) 他機関主催の資料保存に関するセミナー・講演会などの情報
(2) IFLA 図書館資料の予防的保存対策（PDF 版）
(3) 資料の保存対策，保存手当，補修（修理）等の実例，マニュアル，テキスト類
　　⇒ 東京都立図書館「資料保存のページ」

⇒ 国立国会図書館「資料の保存」

(4) 補修に使用する道具・材料一覧（例）

(5) 被災資料救済・資料防災情報源

(6) 保存管理自己点検表（専門図書館版）/ 資料保存コーナー・専門図書館協議会

(7) 資料保存に関する Q&A

## 「資料の保存」（国立国会図書館ホームページ）の内容紹介

https://www.ndl.go.jp/jp/preservation/index.html

### ＜所蔵資料の保存＞

「国立国会図書館における資料保存の在り方」に基づいて，適切な保存環境の整備，メディア変換，破損した資料の補修等について十分な検討を行い，所蔵資料の保存に取り組んでいます。

所蔵資料に対する手当て

　・紙資料への対策

　・マイクロ資料への対策

環境管理

　・書庫の概要

　・温湿度管理

　・照明

　・虫菌害等の対策

メディア変換

　・メディア変換

資料防災のための対策

　・資料防災

電子情報の長期的保存

　・「電子情報の長期的な保存と利用」のページをご覧ください。

国立国会図書館が実施した図書館等資料等の保存に関する調査報告等

　・図書館等資料等の保存に関する調査

### ＜マニュアル＞

＊資料保存研修，日本古典籍講習会の最新テキストは国内機関を対象とした研修の教材等のページをご覧ください。

・カビが発生した資料をクリーニングする（PDF: 333KB）

・水にぬれた資料を乾燥させる処置例 1 （PDF: 395KB）
・水にぬれた資料を乾燥させる処置例 2 （PDF: 437KB）
・小規模水災害対応マニュアル （PDF: 320KB）
　　作業の流れ （PDF: 117KB）
・ドライクリーニング－刷毛で埃を払う （PDF: 329KB）
・ドライクリーニング－粉消しゴムを使って汚れをとる （PDF: 177KB）
・遠隔研修「動画で見る資料保存：簡易補修」（YouTube で開きます）
・遠隔研修「動画で見る資料保存：簡易帙をつくる」（YouTube で開きます）
・遠隔研修「図書館資料の防災対策」（YouTube で開きます）

＜パンフレット＞
・国立国会図書館と資料保存 （PDF: 775KB）
・マイクロフィルム保存のための基礎知識（令和元年 9 月改訂版）（PDF: 1.51MB）
　　マイクロフィルムを作製する際の留意点，マイクロフィルムの形態等については，
　　平成 17 年 3 月版（国立国会図書館デジタルコレクション）もご覧ください。
・中性紙使用のお願い （PDF: 258KB）（インターネット資料収集保存事業 （WARP））

＜翻訳資料＞
・貴重書及び手稿コレクションのデジタル化計画のガイドライン （PDF: 445KB）
・災害リスク削減に向けた図書館関連活動及び紛争・危機・自然災害時の図書館関連活
　動に対する IFLA の関与の原則 （インターネット資料収集保存事業 （WARP））
・IFLA 災害への準備と計画：簡略マニュアル （PDF: 455KB）（インターネット資料収
　集保存事業 （WARP））
・炎と氷の再来：書籍から煤を除去する 2 手法の比較 （PDF: 271KB）（インターネット
　資料収集保存事業 （WARP））
・ブルーシールド：危険に瀕する文化遺産の保護のために：国際図書館連盟第 68 回年
　次大会（2002 年グラスゴー）資料保存コア活動・国立図書館分科会共催公開発表会
　報告集 （PDF: 1.06MB）（インターネット資料収集保存事業 （WARP））
・写真の手入れ，取り扱い，保存 （国立国会図書館デジタルコレクション）
・IFLA 図書館資料の予防的保存対策の原則 （国立国会図書館デジタルコレクション）
・図書館の災害と対策：予防・準備・対応・復旧 （PDF: 602KB）（インターネット資料
　集保存事業 （WARP））
・IFLA 資料保存分科会パンフレット （PDF: 516KB）（IFLA サイトへのリンク）

■執筆者紹介

眞野　節雄（しんの　せつお）

1976 年度〜東京都立図書館に司書として勤務。

2000 年度〜資料の保存と修理の業務に従事。

2011 年度〜同じく都立図書館に資料保全専門員として勤務。

2001 年度〜日本図書館協会資料保存委員会委員（2012 年度〜同委員会委員長）

【協力・図版提供】

日本図書館協会資料保存委員会

東京都立図書館

蓑田　明子（日本図書館協会出版委員会）


JLA Booklet no.13 ••••••••••••••••••••••••••••••••••••••••••••••••••••••••••

図書館資料の保存と修理─その基本的な考え方と手法
眞野節雄講義録

2023 年 3 月 30 日　初版第 1 刷発行

定価：本体 1,000 円（税別）

著　者：眞野節雄

表紙デザイン：笠井亞子

発行者：公益社団法人　日本図書館協会

　　　　〒 104-0033　東京都中央区新川 1-11-14

　　　　Tel 03-3523-0811 ㈹　Fax 03-3523-0841　　www.jla.or.jp

印刷・製本：㈱丸井工文社

••••••••••••••••••••••••••••••••••••••••••••••••••••••••••••••••••••••••••••

JLA202228　ISBN978-4-8204-2218-1　　　　　　　　　　　　Printed in Japan

本文用紙は中性紙を使用しています